海南省
农业生产托管服务发展研究

◎ 王成丽　黄家健　著

中国农业科学技术出版社

图书在版编目（CIP）数据

海南省农业生产托管服务发展研究／王成丽，黄家健著. --北京：中国农业科学技术出版社，2022.8
　　ISBN 978-7-5116-5841-8

　　Ⅰ.①海… Ⅱ.①王…②黄… Ⅲ.①农业生产－生产管理－研究－海南 Ⅳ.①F327.66

中国版本图书馆 CIP 数据核字（2022）第 131851 号

责任编辑	姚　欢
责任校对	马广洋
责任印制	姜义伟　王思文

出 版 者	中国农业科学技术出版社 北京市中关村南大街 12 号　邮编：100081
电　　话	（010）82106631（编辑室）　（010）82109702（发行部） （010）82109709（读者服务部）
网　　址	https://castp.caas.cn
经 销 者	各地新华书店
印 刷 者	北京建宏印刷有限公司
开　　本	170 mm×240 mm　1/16
印　　张	13
字　　数	250 千字
版　　次	2022 年 8 月第 1 版　2022 年 8 月第 1 次印刷
定　　价	58.00 元

━━━◆ 版权所有·翻印必究 ◆━━━

作者简介

王成丽，1983年生，湖北丹江口人，高级经济师。2009年毕业于华中农业大学农业经济管理专业，获管理学硕士学位。现就职于中国热带农业科学院科技信息研究所，主要从事农业经济研究、农业政策与农业工程咨询工作，注册城乡规划师、咨询工程师（投资）。先后主持或主要参与国家社会科学基金、海南省自然科学基金、海南省哲学社会科学规划课题、农业农村部公益性行业（农业）科研专项、中国工程科技发展战略海南研究院咨询研究项目、中央级公益性科研院所基本科研业务费专项等课题10余项，累计公开发表学术论文20余篇。主要参与农业工程咨询项目30余项，获得海南省优秀工程咨询成果奖二等奖1项。

黄家健，1989年生，广东广州人，农艺师。2010年毕业于海南大学设施农业科学与工程专业，获农学学士学位。现就职于中国热带农业科学院科技信息研究所，先后在海南省财政厅、海南省农业农村厅挂职，主要从事乡村振兴、农业经济研究，农业工程咨询等工作。先后主持海南省自然科学基金、中央级公益性科研院所基本科研业务费专项等课题4项，主持或主要参与省级、市县级规划咨询项目10余项，涉农项目策划咨询近百项，获得海南省优秀工程咨询成果奖二等奖1项、三等奖1项，累计公开发表学术论文15篇。

本研究得到以下项目资助

海南省哲学社会科学规划课题
"海南省农业土地托管的供需研究"
【编号：HNSK（YB）20-71】

海南省自然科学基金项目
"海南省槟榔生产托管服务模式研究"
【编号：722QN370】

中央级公益性科研院所基本科研业务费专项
"热区乡村生态宜居与数字乡村"
【编号：1630072022003】

前　言

基于大国小农的基本国情，实现小农户与现代农业发展的有机衔接，是新时代加快农业农村现代化必须优先解决的关键问题。实践证明，加快发展农业生产性服务业，大力推进农业生产托管，是将普通农户引入现代农业发展轨道的重要途径。2017年8月，农业部*、国家发展改革委、财政部三部门联合发布《关于加快发展农业生产性服务业的指导意见》，强调"把发展农业生产托管作为推进农业生产性服务业、带动普通农户发展适度规模经营的主推服务方式"。同年，农业部办公厅出台了我国第一个专门指导和规范农业生产托管的文件《关于大力推进农业生产托管的指导意见》。中央财政通过农业生产发展资金安排的农业生产社会化服务项目任务，支持小农户通过农业生产托管为主的服务方式，广泛接受各类农业社会化服务。截至2020年底，全国农业社会化服务组织数量超90万个，农业生产托管服务面积超16亿亩次，其中服务粮食作物面积超9亿亩次，服务带动小农户7 000多万户。农业农村部办公厅2019—2021年累计推介74个全国农业社会化服务典型。2022年中央一号文件提出支持各类服务主体大力发展单环节、多环节、全程生产托管服务。农业生产托管是全国各地探索现代农业经营模式的重大创新，已成为现代农业发展的新动能。

建设海南自由贸易港，是习近平总书记亲自谋划、亲自部署、亲自推动的改革开放重大举措，是党中央着眼国内国际两个大局，深入研究、统筹考虑、科学谋划作出的战略决策。海南自由贸易港建设具有独特的农业性质，约80%的土地在农村，60%的户籍人口是农民，20%的国内生产总值（GDP）来自农业。没有农业农村现代化，海南自由贸易港建设就缺乏稳固的基础。海南迎来了建设自由贸易港和乡村全面振兴的双重历史机遇。2021年海南省政府工作报告提出："构建现代产业体系，夯实实体经济基础，形

---

* 现农业农村部。

成旅游业、现代服务业、高新技术产业、热带特色高效农业'3+1'产业发展格局。"热带特色高效农业被正式纳入海南自由贸易港建设现代产业体系中来。当前，海南农业仍存在着小、散、弱的局面，农业生产性服务业发展滞后。随着海南自由贸易港建设推进，市场开放程度更高，农户生产经营活动接纳外部分工以及社会化分工有了更大可能，为培育和完善农业生产托管服务市场提供了新机遇。大力推进以生产托管为主的农业社会化服务，提升海南农业服务现代化水平，是加快实现海南农业现代化、助力海南自由贸易港建设的重要路径。

全书聚焦海南农业生产托管服务市场，从理论和实证两个方面，分析研究海南农业生产托管服务市场的供需匹配状况及其影响因素，结合典型案例，总结农业生产托管典型服务模式，并提出加快推进海南农业生产托管的政策建议。全书共分为9章，主要介绍了我国农业生产托管的发展历程和经营现状，以及海南省农业生产托管发展现状、可行性分析、供需主体调研和供需匹配分析、典型服务模式、相关政策建议等内容。研究得到的主要结论有：海南农业生产托管潜在需求大，但农户组织化程度低；托管服务供给不足，服务能力有待提高；政府宣传推广不到位，配套政策不完善。当前，海南省农业生产托管服务市场处于起步阶段，且处于需求量和供给量双低的局面，农业生产托管服务市场呈供需失衡状态。在市场还不成熟阶段，要实现农业生产托管服务供需均衡，既要扩大有效需求，又要根据需求的差异性丰富有效供给，同时还需要政府积极干预，采取相应的政策化解供需矛盾，推动均衡市场的形成，借鉴成功经验，因地制宜推广多种农业生产托管经营模式。

本书是作者对海南农业生产托管发展的阶段性总结。本书的出版得到了中国热带农业科学院科技信息研究所、海南省热带作物信息技术应用研究重点实验室、海南省农业农村厅、云南省怒江州农业农村局等机构以及有关项目经费的大力支持。感谢团队成员叶露、刘锐金、王俊峰、赵军明、吴湾、孙海燕、孟猛等同志在项目立项、实地调研和资料收集等方面做出的大量工作。由于全国各地农业生产性服务业新模式、新业态不断涌现，海南农业生产托管服务市场还不成熟，对实践中涌现的新模式须审慎观察。限于作者水平有限和各种因素制约，对其中一些问题的认识还需要进一步深化，所得结论和提出的政策建议还需要实践的进一步检验。不足之处，请读者批评指正。

作　者

2022年6月

目　录

第一章　导　论 ……………………………………………………………… 1
　1.1　研究的背景与意义 ………………………………………………… 1
　1.2　相关概念界定 ……………………………………………………… 14
　1.3　研究内容和技术路线 ……………………………………………… 19
　1.4　研究方法与数据来源 ……………………………………………… 22

第二章　我国农业生产托管的发展历程和经营现状 ………………… 23
　2.1　我国农业生产托管的发展历程 …………………………………… 23
　2.2　我国农业生产托管的理论研究成果 ……………………………… 26
　2.3　我国农业生产托管的地方实践 …………………………………… 34
　2.4　理论和实践经验的启示 …………………………………………… 62

第三章　海南省农业生产托管发展现状 ……………………………… 65
　3.1　海南省农业生产托管发展历程 …………………………………… 65
　3.2　海南省农业生产托管项目实施情况 ……………………………… 69
　3.3　海南省农业社会化服务平台建设情况 …………………………… 74

第四章　海南省加快推进农业生产托管的可行性分析 ……………… 78
　4.1　农业是海南的基础产业 …………………………………………… 78
　4.2　优势农产品区域化生产格局初步形成 …………………………… 89
　4.3　农业生产托管为保障粮食安全提供新突破 ……………………… 99
　4.4　农业生产托管是盘活撂荒土地的有效途径 ……………………… 101
　4.5　海南农业现代化需要同步提升农业服务现代化 ………………… 104
　4.6　新发展阶段机遇与挑战并存 ……………………………………… 107

第五章 海南省农业生产托管需求主体调研 ………………… 110
5.1 社会经济基本情况比较 …………………………………… 110
5.2 儋州市农业生产托管需求调研 …………………………… 112
5.3 白沙、文昌问卷调查情况 ………………………………… 122
5.4 主要结论 …………………………………………………… 126

第六章 海南省农业生产托管供给主体调研 ………………… 128
6.1 服务组织开展托管服务情况 ……………………………… 129
6.2 农业生产托管经营现状总结 ……………………………… 138

第七章 海南省农业生产托管服务的供需匹配分析 ………… 140
7.1 海南省农业生产托管服务市场供需匹配状况 …………… 140
7.2 海南省农业生产托管服务市场供需失衡的原因 ………… 142

第八章 海南省典型农业生产托管服务模式 ………………… 146
8.1 合作社带动型服务模式 …………………………………… 146
8.2 农事企业带动型服务模式 ………………………………… 155
8.3 平台带动型服务模式 ……………………………………… 165

第九章 加快推进海南省农业生产托管的政策建议 ………… 178
9.1 需求侧：提高农户参与意愿，扩大生产托管服务覆盖面 … 178
9.2 供给侧：加快培育多元服务主体，创新服务形式 ……… 180
9.3 政府端：加大政策扶持力度，规范行业管理 …………… 181
9.4 借鉴成功经验，因地制宜推广农业生产托管经营模式 … 182

参考文献 ………………………………………………………… 185

附 录 海南省农业土地托管意愿及政策认知调查问卷 ……… 191

第一章
导 论

1.1 研究的背景与意义

1.1.1 "大国小农"的基本国情农情,小农生产现代化面临瓶颈

中国的现代化进程是在一个农村居民占人口绝大多数的古老农业大国进行的,有着源远流长的中华农耕文明史,社会经济的基本结构形态始终是小农经济。小农经济适应了当时生产力发展水平,带动了整个社会经济的发展,但是随着社会主义建设的发展,小农经济已经严重制约了农业文明向现代化转化。小农经济所引发的"农业、农村、农民"问题与中国的现代化进程严重脱节,农业、农村、农民一定程度上被隔离在现代化的进程之外。"三农"问题关系到国民素质、经济发展,关系到社会稳定、国家富强、民族复兴。邓小平同志关于我国农业改革和发展的"两个飞跃"理论为解决"三农"问题指明了方向。第一个飞跃,是废除人民公社,实行家庭联产承包为主的责任制;第二个飞跃,即适应科学种田和生产社会化的需要,发展适度规模经营,发展集体经济。邓小平同志的这一光辉思想,指出了我国社会主义农业改革和发展的方向。中共十一届三中全会以来,以家庭联产承包责任制为主要内容的农村经济体制改革取得了巨大成功,调动了农民的生产积极性,推动了我国农村经济的发展。在第一个飞跃取得成功的基础上,再实现第二个飞跃,需要探索和改革生产力要素优化组合,促进生产要素社会化使用的发展,推动由传统农业分散经营向集约化经营转变(李良生,1997)。在农业现代化进程中,家庭联产承包责任制的缺陷越来越突出地暴

露出来。家庭联产承包责任制下以家庭为主要单元的小农生产方式在小块土地上进行分散经营,经营规模小,经营单位分散,抗风险能力薄弱,生产效率低下,生产力发展受到了制约。

现代化的障碍不是农业,而是小农生产方式。第三次农业普查数据显示,全国小农户数量约2.03亿,占各类农业经营户总数的98.1%,经营耕地面积约占总耕地面积的70%,户均耕地10亩(1亩≈667米^2,15亩=1公顷)以下的农户约占农户总数的85.2%。在当前和很长一段时期内,小农户家庭经营是我国农业经营的主要形式,农业家庭经营占主导地位,是农业发展必须长期面对的现实,"大国小农"基本国情农情将长期存在。现代化的主要支撑和根本是农业现代化,如何把一家一户的家庭经营引入现代农业发展轨道,解决小生产与大市场之间的矛盾,是新时代中国特色农业现代化的核心问题。实现第二个飞跃有两个前提条件:第一,要扩大社会分工,优化生产力要素的组合,实现生产要素的社会化使用,尤其是土地、劳动力、科学技术三个基本要素优化组合、合理流动;第二,科学技术进步并实现社会化使用,这样才可能实现农业生产由粗放经营向集约化经营的转变(李良生,1997)。扶持小农户,引入现代生产要素改造小农户,健全面向小农户的社会化服务体系,将小农户融入社会化大生产过程中,既能创新现代农业经营形式,又能稳定小农户家庭经营这个基本面,确保小农户在农业现代化过程中不掉队。

1.1.2 工业化与城镇化步伐加快,农业劳动力流失严重

进入21世纪以来,我国经济社会发展进入加速转型阶段,城市与乡村之间、工业与农业之间、市民与农民之间的发展差距呈现扩大趋势。随着工业化的快速推进,农业现代化建设明显滞后于工业化和城镇化,农业发展缓慢阻碍了社会经济的整体协调发展。党的十八大报告提出,城乡发展一体化是解决"三农"问题的根本途径。但迄今为止,我国的"三农"问题没有得到彻底解决,仍然是制约我国经济社会发展的重要因素。城市化加速了我国现代化进程,然而,我国农村经济社会发展出现"乡村衰落"现象不容忽视。

改革开放40多年来,工业化、城镇化进程加速,二三产业迅速发展,

巨大的收入差距吸引着数以万计的农村人口流向城市,农村地区大量富余劳动力向城市单向流动。这些大量流出农村进入城市的人口多数是青壮年,留守在农村的大多数是老人、妇女、儿童,农村人口严重失衡,形成了乡村普遍出现老龄化、空心化的现象。同时,众多历代务农的农家子女更倾向于"跳出农门"。这些农村青壮年主力军选择离开家乡到大城市闯荡,他们离土、出村、不愿意回村,加剧了农村的衰落。家户经营模式因务农意愿代际传递受阻而面临消亡风险。

从农村的产业结构看,我国农村第一产业的主要问题是生产效率不高。以家庭为单位的小规模农业经营模式制约了农业中现代要素的投入,农业产业化经营程度不高,生产资源协调利用率低,农业生产者抵御市场风险能力差,农产品竞争力弱。特别是中国加入世界贸易组织融入经济全球化之后,全球农业一体化背景下国际农产品价格持续走低、成本优势明显,国内外农产品价格倒挂问题日益突出,现代农业发展面临的国际竞争更加激烈。在农业与非农产业、农村与城市之间巨大的收入差距下,大量农业劳动力转移至非农产业,大量农村青壮年劳动力进城务工,成为"新市民",农业没有成为有奔头的产业,农民没有成为有吸引力的职业,农村没有成为安居乐业的美丽家园。随着大量农村劳动力持续向外转移,一些地方开始出现农忙季节缺人手、务农劳动力老龄化和农业兼业化、副业化的现象。农村"谁来种地"已成为我国绕不过的严峻问题。

从农业土地利用看,我国农业生产用地存在着"有地不用"的土地资源浪费和"无地可用"的土地资源短缺并存的情况。土地资源的不可再生性使其成为经济社会发展中最为稀缺、宝贵的基本资源。其中,农业土地资源对人类生存发展至关重要,是农业生产中最基本、最重要的生产要素。耕地资源是否充分利用、合理开发是衡量农业经济生产状况的重要标尺。然而,近些年农村普遍出现土地撂荒现象。一方面是大量青壮年劳动力外出打工,留守老人身体逐渐衰老,无力承担繁重的农业劳动,加之农业生产技术低下,被迫放弃耕种;另一方面是农民种田不划算,生产成本不断上涨而农业收益低下,加之地块分散、农地基础设施条件差导致土地很难出租,只好进城打工,土地撂荒,造成土地资源浪费。原国土资源部调查数据显示,我国每年撂荒的耕地将近3 000万亩[①]，土地撂荒已成为全国农村的普遍现状，近10年来土地撂荒有增无减。与此同时，我国经济社会发展用地需求不断增长，过快的城市化致使城镇建设用地呈粗放式蔓延，城镇开发边界不断向农村扩张，而农村自身发展中非农建设增多，导致农用地面积不断减少。部分工商资本下乡后"跑马圈地、圈而不种"，或者大规模流转耕地不种粮、不务农，出现耕地"非粮化""非农化"。城镇建设征用农村集体农用地，出现失地农民问题，部分失地农民成为"种田无地、就业无岗、保障无份、创业无钱"的群体，由此引发诸多社会矛盾。第三次全国国土调查数据显示，到2019年末全国建设用地6.13亿亩，较第二次国土调查增加1.28亿亩，建设用地10年增长26.5%。农用地尤其是耕地资源已成为稀缺资源，面临着耕地基础条件差、损毁量多面广、生态价值退化、土壤污染严重、总体质量不高等诸多问题，迫切需要采取措施保证耕地数量、提升耕地质量，提高土地利用率。未来，中国农业的出路在哪里？谁来种地、怎么种地的问题亟待探索和突破。

1.1.3 土地"逆流转"和"惜转"日益突出，土地规模经营推进困难

长期以来，通过流转土地实现土地集中经营一直是我国农业适度规模经营的主导方向。土地流转使农民既获得稳定的"租金"，又能外出务工挣"薪金"，满足了部分进城务工农民不愿丢荒又能非农就业的愿望，将农民从繁重的体力劳动中解脱出来，进一步激活了农业剩余劳动力的转移。通过土地流转，改变了一家一户分散经营的状况，使农村土地向农业企业、农业园区、农民专业合作社等经济组织集中，增强了农业生产的组织化程度，能够有效改善土地资源配置效率，为农业规模化、集约化、高效化经营提供广阔空间。但是，随着国家城乡一体化改革深入推进，农村土地问题面临更为严峻的挑战。越来越多的土地经营主体为了追求利益的最大化，不断突破耕地红线，耕地数量和质量不断下降。有些土地经营权流转后，出现粮田没有

---

① 引自《农民弃种拉响粮食安全警钟 撂荒耕地或达近3 000万亩》，国际先驱导报，2011-05-23。

种粮，甚至出现非农建设行为，耕地"非粮化""非农化"现象严重，如果不加以控制，将会危及国家粮食安全。近年来持续上涨的土地租赁价格和高企的农业生产成本，给土地承包商带来巨大资金压力，不少地区出现土地退租。同时，土地流转市场不健全，流转程序不规范，普遍存在民间化、口头化、短期化、随意化问题，农民缺乏依法转让意识，导致纠纷问题解决难；土地流转准入门槛过低，很多地方尚未建立承包商经营能力的资格审查和评估的准入机制，普遍未建立防范流转经营主体"跑路"的风险保障机制；担心承包商为了短期利益破坏土地肥力、毁坏土壤耕作层致使地力下降，造成土地到期回收时恢复地力成本高昂，诸多原因导致近年来农民对流转土地的热情不高。此外，"家中有粮，心中不慌"的传统潜在危机意识和根深蒂固的"恋土"情节，使很大一部分农民不愿意放弃土地的经营权，这在新冠肺炎疫情暴发时表现最深刻。随着现在农民家庭收入多元化，尽管农民对土地的依赖程度没有过去那么高了，但是很多农民也不会轻易把土地承包出去，即使农民无精力经营造成土地荒废也不愿意流转，土地是他们的最后退路，土地"惜转"现象普遍。一方面高额的地租和较低的农业效益逼退社会资本，导致土地"逆流转"仍将持续；另一方面农民"惜转"，参与流转的积极性不强，土地流转推进农业适度规模经营的路子已经走到改革"深水区"。

当前，我国农业发展正处于由增产导向向提质导向转变的关键时期，加快转变农业发展方式，发展多种形式适度规模经营，是推动农业现代化发展的必然要求。人多地少是我国的基本国情，农户小规模分散经营一直是我国农业经营的主要方式。我国户均耕地面积仅相当于韩国的 1/3、欧盟的 1/40、美国的 1/400。[①] 在我国，寄希望通过大规模集中土地，实现美国那样的农场规模，既不现实也没必要。因此，在土地流转之外，还要发展农业社会化服务，来弥补超小规模的不足。相比单纯的土地流转或农户自耕，农业社会化服务模式有其独特优势，既可以避免大量租地带来的租金成本和其他弊端，还能以服务的现代化进一步推进农业的现代化。现实中也发现，退租后部分土地通过托管的方式交给了农业生产性服务组织，其经营效益和耕

---

① 引自《确保小农户在现代农业中不掉队》，经济日报，2021-07-27。

作水平相对稳定甚至有所提高。2019年中共中央办公厅、国务院办公厅印发《关于促进小农户和现代农业发展有机衔接的意见》对提升小农户发展现代农业的能力做出了全面部署，文件指出，必须正确处理好发展适度规模经营和扶持小农户的关系，在鼓励发展多种形式适度规模经营的同时，加强面向小农户的社会化服务，把小农户引入现代农业发展轨道。2021年《农业农村部关于加快发展农业社会化服务的指导意见》进一步指出，发展多元化、多层次、多类型的农业社会化服务，已成为构建现代农业经营体系、转变农业发展方式、加快推进农业现代化的重大战略举措。因此，我国农业适度规模经营必须坚持两条腿走路：一条腿是通过土地流转实现土地规模经营，另一条腿就是发展农业社会化服务，以服务规模的扩大来弥补耕地规模的不足。

1.1.4 大力推进农业生产托管，对促进小农户和现代农业发展有机衔接意义重大

2017年，农业部、国家发展改革委、财政部发布《关于加快发展农业生产性服务业的指导意见》首次提出大力推广农业生产托管，并将其作为推进农业生产性服务、发展适度规模经营的主推服务方式。2019年，农业农村部办公厅、财政部办公厅发布的《关于进一步做好农业生产社会化服务工作的通知》要求，做好以农业生产托管为主的农业生产社会化服务工作，推动健全农业社会化服务体系。

小农户家庭经营很长一段时间内是我国农业基本经营形态的国情农情。以家庭承包经营为基础、统分结合的双层经营体制，是我国农村的基本经营制度，家庭经营的基础性地位需要长期坚持。然而，随着城镇化不断推进，我国每年有3亿多农村青壮年劳动力进城务工[①]，农业劳动力数量和质量严重不足，"谁来种地，怎么种地"是一个亟待解决的问题。发展农业社会化服务，有利于解决"谁来种地"难题。农业生产托管是在土地经营权不流转的情况下，将生产环节委托给专业化机构，通过社会化服务组织的服务，

---

① 引自《农业农村部力破"谁来种地"难题 推进农业生产托管》，经济参考报，2020-10-11。

有效解决农民"不会干、干不动、不愿干"等问题,有效缓解农民种地难、农村劳动力短缺、土地撂荒等问题,也有助于破解流转中地租高企以及耕地"非粮化""非农化"等问题。通过服务组织的专业化服务,将先进适用的技术、装备、经营理念等要素导入农业生产,切实解决了小农经济经营方式粗放、生产效率低下等问题,降低了生产成本,有效提高了劳动生产率。农业生产托管依托多元化的社会服务组织,发挥规模化、专业化服务优势,推动农业生产方式转型升级,破解了"怎么种地""如何种好地"难题。

党的十九大提出,实现小农户和现代农业发展有机衔接。农业生产托管衍生于农业生产性服务、农业社会化服务,其内涵及范围更为聚焦。全国各地的最新实践证明,开展农业生产托管,一定程度上解决了小农户劳动力、技术、市场、资金等方面的实际困难,满足了一些农户继续从事家庭经营的愿望,而且通过专业化、规模化的托管服务,将分散的小农户组织起来对接大市场,让农户分享到规模经营的收益,将小农户引入现代农业发展的轨道。杜洪燕等(2021)将农业生产托管推进小农生产现代化的内在逻辑总结为5个方面:推进生产托管服务主体联合,加速高端要素进入农村;推动小农户组织化,重构社会化服务体系的供给端和需求端;满足农户个性化生产经营需求,发展服务型规模经营;健全小农户与服务主体的利益联结机制,激发农户经营热情;建立农业生产托管的风险分担机制,分散农业经营风险。

大力推进以生产托管为主的农业社会化服务,是在大国小农的基本国情农情下破解小农户现代化困局,将普通农户引入现代农业发展轨道的重要途径。解决小农户与现代农业发展有机衔接的问题,各类农业社会化服务组织能够起到重要的支撑作用。农业生产托管是现代农业经营模式的重大创新,已成为现代农业发展的新动能。

1.1.5 以农业生产托管助推农业现代化,推进海南自由贸易港建设

2018年4月13日,庆祝海南建省办经济特区30周年大会上,习近平总书记郑重宣布,党中央决定支持海南全岛建设自由贸易试验区,支持海南逐步探索、稳步推进中国特色自由贸易港建设,打造全面深化改革开放试验

区、国家生态文明试验区、国际旅游消费中心、国家重大战略服务保障区。这是海南历史上具有里程碑意义的大事和千载难逢的机遇。海南经过两年自由贸易试验区实践，2020年6月1日，中共中央、国务院印发了《海南自由贸易港建设总体方案》，标志着中国特色自由贸易港建设正式启动。海南自由贸易港建设是新时代海南经济特区的新使命，自2018年习近平总书记发表"4·13"重要讲话以来，特别是2020年《海南自由贸易港建设总体方案》发布后，改革开放力度加大，政策密集落地见效，海南发展步伐提速。2022年4月10—13日，习近平总书记在海南考察时强调，加快建设具有世界影响力的中国特色自由贸易港，让海南成为新时代中国改革开放的示范；要贯彻新发展理念，推动海南高质量发展，聚焦发展旅游业、现代服务业、高新技术产业、热带特色高效农业，加快构建现代产业体系。

作为农业大省，农业是海南经济的基础产业、支柱产业和优势产业。"做强做优热带特色高效农业""加强国家南繁科研育种基地（海南）建设，打造国家热带农业科学中心，支持海南建设全球动植物种质资源引进中转基地""深化现代农业、高新技术产业、现代服务业对外开放"，是海南自由贸易港建设中农业发展的使命和任务。自由贸易港建设将为未来的农业发展带来新机遇。2021年海南省发展和改革委员会出台《海南省"十四五"时期产业结构调整指导意见》（简称《意见》），旨在落实《海南自由贸易港建设总体方案》部署要求，推动产业结构优化升级。《意见》围绕"3+1"重点产业，推动旅游业转型提质升级，培育壮大高新技术产业，大力发展现代服务业，做强做优热带特色高效农业。在约80%的土地在农村、60%的户籍人口是农民、20%的GDP来自农业的海南岛全岛建设高水平自由贸易港，农业农村发展是短板，乡村能否全面振兴决定着海南自由贸易港建设成功与否。

长期以来，海南农业发展存在着小、散、弱的局面。农业产业布局不合理，种植结构单一，总量较小；生产主体的组织化、规模化程度偏低，传统粗放分散经营生产效率较低；农业基础设施薄弱，农业综合生产能力不强，产业技术升级慢等诸多问题，都制约着当前海南热带特色高效农业的发展。中国特色自由贸易港的建设，既为海南农业农村现代化带来千载难逢的历史机遇,也带来前所未有的巨大挑战。随着海南自由贸易港建设的全面推进,城镇化加速,以新产业、新业态、新商业模式为核心内容的"三新"经济显现强劲生命力,农村青壮年劳动力不断向城市和非农产业转移,"谁来种地"问题更加尖锐。机遇前所未有,挑战十分严峻。因此,海南要抓住建设自由贸易港和实施乡村振兴战略的发展机遇,以新发展理念统筹指导,集中资源、强化保障、精准施策,加快补齐"三农"领域短板,破解"小、散、弱"的发展难题,进一步推动实现农业增效、农民增收和农村富裕。发展以农业生产托管为主的农业社会化服务,提升农业社会化服务水平,成为推动海南农业现代化的重要突破口。海南要抓住机遇,加快推动农业社会化服务的发展,以推进农业生产托管为抓手,探索形成一批可复制、可推广的发展模式,构建现代农业经营体系,加快新型农业经营主体和服务主体高质量发展,促进农业生产的规模化、集约化、标准化、绿色化,以社会化服务推进农业现代化。

1.1.6 改革开放以来我国农业社会化服务体系建设政策回顾

改革开放以来,尤其是党的十八大以来,党中央始终坚持把解决"三农"问题作为全党工作重中之重,持续加大强农惠农富农政策力度,全面深化农村改革,农业农村发展取得历史性成就,我国农业社会化服务体系建设取得了快速发展。在此,通过梳理对我国农业社会化服务体系的形成与发展影响较大的几个时间节点的政策变化,回顾改革开放以来我国农业社会化服务的发展历程,科学认识农业社会化服务的来龙去脉和新时期大力推广农业生产托管为主的农业社会化服务的重要意义。

(1) 1984 年前后

1983 年 1 月,中央一号文件《当前农村经济政策的若干问题》正式颁布。该文件首次提出"社会化服务"概念,明确指出"当前,各项生产的产前产后的社会化服务……已逐渐成为广大农业生产者的迫切需要。"(姜长云,2020a)。同年,在一些地区成立了"农业服务公司",《人民日报》评论员文章首次使用了"农业专业化服务"的概念(高强和孔祥智,2013)。1984 年和 1986 年的中央一号文件提出了"社会服务""商品生产服务体系""生产服务社会化"的概念。其中，1984年中央一号文件明确支持发展各种服务性专业户；1986年中央一号文件将"组织产前产后服务"作为农村工作总要求之一，并首次对服务供给方式与形式作出明确要求。20世纪80年代的中央一号文件，虽然已经提出农业社会化服务的概念，但是并未对农业社会化服务的科学内涵作出界定，服务内容集中在农业产中环节，产前产后服务还停留在概念层面。

（2）1991年前后

1990年12月，中共中央、国务院在《关于一九九一年农业和农村工作的通知》中首次提出"农业社会化服务体系"的概念，并将"稳定完善以家庭联产承包为主的责任制，建立健全农业社会化服务体系"作为农业和农村需要认真抓好的几项工作之一。1991年10月28日，国务院出台《关于加强农业社会化服务体系建设的通知》，初次提出了农业社会化服务体系建设的框架，并对加强农业社会化服务体系建设作出了具体部署，该通知明确提出"农业社会化服务是包括专业经济技术部门、乡村合作经济组织和社会其他方面为农、林、牧、副、渔各业发展所提供的服务"，并指出农业社会化服务内容包括"物资供应、生产服务、技术服务、信息服务、金融服务、保险服务，以及农产品的运输、加工、贮藏、销售等各个方面"，明确农业社会化服务的形式"要以乡村集体或合作经济组织为基础，以专业经济技术部门为依托，以农民自办服务为补充，形成多经济成分、多渠道、多形式、多层次的服务体系"。该通知既对农业社会化服务体系进行了科学界定，确立了基本框架，明确了建设发展方向和原则，又作出了具体部署，服务内容已贯穿农业生产产前、产中、产后全过程。在这一基本框架下，农业技术推广体系建设加快推进。1993年《中华人民共和国农业技术推广法》颁布，为公益性推广体系建设开辟了道路。1999年8月31日，国务院办公厅转发农业部等部门印发的《关于稳定基层农业技术推广体系意见的通知》，首次对农业技术推广体系和农业社会化服务体系之间的关系进行了界定，提出"农业技术推广体系是农业社会化服务体系和国家对农业支持保护体系的重要组成部分"（高强和孔祥智，2013）。农业社会化服务体系发展框架基本确定后，我国进入依靠体系建设、推进农业社会化服务发展的新阶段，经过十多年的不断完善，我国农业社会化服务体系逐步成熟。

（3）2008年前后

2007年7月1日，《中华人民共和国农民专业合作社法》（简称《农民专业合作社法》）正式实施，这是我国首部专门规范和发展农民合作经济组织的法律，极大地促进了农民专业合作社的建设和发展，增强了为农服务功能。2008年中央一号文件提出"着力强化农业科技和服务体系基本支撑"，强调"切实加强公益性农业技术推广服务"，并提出"积极发展农民专业合作社和农村服务组织""支持发展农业生产经营服务组织，为农民提供代耕代种、用水管理和仓储运输等服务"。2008年党的十七届三中全会首次提出"新型农业社会化服务体系"的概念，对新型农业社会化服务体系的地位作用、发展方向、依靠力量与保障制度作出了全新部署。全会初步勾勒出建立新型农业社会化服务体系的框架，即"建设覆盖全程、综合配套、便捷高效的社会化服务体系""形成多元化、多层次、多形式经营服务体系的方向""加快构建以公共服务机构为依托、合作经济组织为基础、龙头企业为骨干、其他社会力量为补充，公益性服务和经营性服务相结合、专项服务和综合服务相协调的新型农业社会化服务体系""支持供销合作社、农民专业合作社、专业服务公司、专业技术协会、农民经纪人、龙头企业等提供多种形式的生产经营服务"。全会通过的《中共中央关于推进农村改革发展若干重大问题的决定》把发展新型农业社会化服务体系作为发展现代农业需要"集中力量办好关系全局、影响长远的大事"之一，明确了建立新型农业社会化服务体系的发展方向、发展形势，科学区分了不同类型服务主体在农业社会化服务体系建设中的定位，提出了农业社会化服务业多元化、多样化发展的要求。自此，我国进入新型农业社会化服务体系发展阶段，农业社会化服务体系建设成为历年中央一号文件的重要内容，改革的重点主要集中在拓展服务领域、完善服务机构建设、创新服务体系等方面。

（4）2016年前后

为落实2013年中央一号文件"构建农业社会化服务新机制"的要求，2013年中央财政启动农业生产全程社会化服务试点，安排专项资金用于支持粮食主产省开展农业生产全程社会化服务试点，支持各类农业经营性服务组织从事良种示范、农资配送、信息提供等农业社会化服务。截至2016年，农业生产全程社会化服务试点扩展至17个省份。与此同时，为进一步完善农业社会化服务供给机制，农业部组织开展政府购买农业公益性服务机制创新试点，2015年和2016年，在26个省份的62个县（市、区）组织开展了两批试点。2015年，财政部、农业部联合印发《关于调整完善农业三项补贴政策的指导意见》，支持粮食适度规模经营，提出"可以通过政府购买服务等方式，在粮食生产托管服务、病虫害统防统治、农业废弃物资源化利用、农业面源污染防治等方面引入社会化服务主体"。2015年12月，国务院办公厅发布《关于推进农村一二三产业融合发展的指导意见》首次提出"发展农业生产性服务业"。2016年中央一号文件再次明确提出"加快发展农业生产性服务业""支持多种类型的新型农业服务主体开展代耕代种、联耕联种、土地托管等专业化规模化服务"。"农业生产性服务业"的提法比"农业社会化服务"更聚焦农业生产环节的服务需求。

（5）2017年以来

为进一步总结推广农业生产全程社会化服务试点经验，贯彻落实2017年中央一号文件精神，2017年6月，农业部办公厅、财政部办公厅发布《关于支持农业生产社会化服务工作的通知》，明确提出"要以支持农业生产托管为重点，推进服务带动型规模经营"。2017年8月，农业部、国家发展改革委、财政部三部门联合发布《关于加快发展农业生产性服务业的指导意见》，对发展农业生产性服务业展开具体部署，并强调"把发展农业生产托管作为推进农业生产性服务业、带动普通农户发展适度规模经营的主推服务方式"，指出了地方实践探索形成的农业生产托管形式包括"土地托管""代耕代种""联耕联种""农业共营制"等，进一步强调了"土地托管"作为农业生产托管的主要形式。为进一步做好农业生产托管工作，农业部办公厅于2017年9月出台《关于大力推进农业生产托管的指导意见》，明确了做好农业生产托管的重点工作，这是国家出台的第一个专门指导和规范农业生产托管的文件。中央财政支持将农业生产的相关资金合并为农业生产发展资金，2017年设立了以支持生产托管为主的农业生产社会化服务财政专项。截至2020年底，中央财政已累计支持29个省份试点农业生产托管项目，全国农业社会化服务组织达到 95.5 万个，生产托管服务面积 16.7 亿亩次①。自 2017 年起，我国进入以农业生产托管为主的农业社会化服务发展新阶段。2019 年 2 月，中共中央办公厅、国务院办公厅印发了《关于促进小农户和现代农业发展有机衔接的意见》，要求健全面向小农户的社会化服务体系，发展农业生产性服务业，加快推进农业生产托管服务。为进一步做好以农业生产托管为主的农业生产社会化服务工作，推动健全农业社会化服务体系，2019 年 8 月，农业农村部办公厅、财政部办公厅发布《关于进一步做好农业生产社会化服务工作的通知》强调，中央财政通过农业生产发展资金安排的农业生产社会化服务项目任务要进一步聚焦农业生产托管为主的服务方式，支持小农户通过农业生产托管为主的服务方式，广泛接受各类农业社会化服务。2021 年 7 月，农业农村部发布《关于加快发展农业社会化服务的指导意见》再次强调"要把农业生产托管作为推进农业社会化服务、发展服务带动型规模经营的重要方式"。2022 年中央一号文件关于"全力抓好粮食生产和重要农产品供给"，要求"聚焦关键薄弱环节和小农户，加快发展农业社会化服务"，支持"农业服务公司、农民合作社、农村集体经济组织、基层供销合作社等各类主体大力发展单环节、多环节、全程生产托管服务"。这是 21 世纪以来第 19 个指导"三农"工作的中央一号文件，再一次强调了农业社会化服务的重要性，并提出发展生产托管服务。

  改革开放以来，我国农业社会化服务体系建设发展的政策环境总体上不断改善，政策支持日趋完善。在国家一系列政策推动之下，农业生产性服务业新模式、新业态不断涌现。农业生产托管服务作为我国农业生产性服务业的重要组成部分，已成为农业社会化服务的主要服务方式。但就当前总体而言，农业生产托管服务的发展在我国总体上仍处于初级阶段，属于"新业态、新模式"，对其形成演进和运作机制客观上需要经历一个深化认识的过程，对各地实践中涌现的新模式须审慎观察、科学把握，对农业生产托管服务的研究仍然亟待深化。

---

① 引自《截至 2020 年底，全国农业社会化服务组织数量超 90 万个 有了"田保姆"种地更划算》，人民资讯，2021-02-28。

1.2 相关概念界定

(1) 土地规模经营与服务规模经营

规模农业是现代农业最基本的特征，我国实现农业规模经营的路径主要包括两条：一是土地集中式规模经营，称为"土地规模经营"；二是服务集中式规模经营，称为"服务规模经营"。所谓土地规模经营，是在"三权分置"条件下，承包农户将承包土地经营权让渡给规模经营主体，规模经营主体通过流转土地拥有集中连片土地的经营权，从而扩大土地经营规模。土地规模经营的核心特征是发生土地经营权的转移，即以土地出租、转包等流转为前提。本书所称土地流转特指通过土地租赁的方式实现土地经营权转移的农业规模经营模式。所谓服务规模经营，就是不发生经营权让渡，承包农户依然保持独立经营、独立核算的主体地位，但通过土地的集中连片，将农业生产的全部或部分作业环节委托给社会化服务组织，社会化服务组织则通过农业生产环节的规模化作业部分或全部实现农业规模经营（冀名峰和李琳，2020）。

土地规模经营和服务规模经营二者都要求实现土地在物理上的集中连片，主要不同之处在于：土地规模经营的经营成本更高，规模经营主体须向农户支付土地流转费，在土地稀缺性特征下，土地流转费可能不断上升，增加土地规模经营的远期风险。服务规模经营因不改变承包农户的土地经营权，则不需要支付经营权租金。在服务规模经营模式下，农地经营权进一步细分，农户依然拥有农地经营决策的终极控制权，破解了经营权整体流转的高交易成本约束，也有利于农村土地承包关系的稳定（胡新艳和罗必良，2016）。

土地规模经营与服务规模经营是实现农业规模经营的两条并行不悖的路径，二者并非不相容的排斥关系，而是相互促进的关系。土地规模经营主体虽然实现了土地的集中，但他们的农业生产过程要依托服务规模经营，同时成规模的土地也为服务规模经营提供了便利条件；服务主体的逐利性诱致他们更倾向于为集中连片的土地服务，服务规模经营要依托一定的土地规模，同时也会反过来推动土地的集中（胡凌啸，2018）。

(2) 农业社会化服务

农业社会化服务是指与农业相关的社会经济组织，为满足农业生产的需要，为农业生产的经营主体提供的各种服务。国务院印发的《服务业发展"十二五"规划》将服务业分为生产性服务和生活性服务。广义的农业社会化服务业既包括农业生产性服务，又包括农村生活性服务。狭义的农业社会化服务业仅指农业生产性服务业，本书即采用狭义的农业社会化服务概念。农业社会化服务的内容十分宽泛，涵盖农业产前、产中、产后环节，包括物资供应、生产服务、技术服务、金融服务、保险服务、信息服务，以及农产品的运输、加工、贮藏、销售等各个方面。

农业社会化服务体系是在家庭承包经营的基础上，为农业产前、产中、产后各个环节提供服务的各类机构和个人所形成的网络（孔祥智等，2009）。它是运用社会各方面的力量，使各类农业生产经营单位适应市场经济的需要，克服自身规模狭小的弊病，获得专业化分工和集约化服务规模效益的一种社会化的农业经济组织形式。农业社会化服务体系有两个基本含义：一是服务的社会化，即农业再生产过程不是由个别农业生产经营者完成的，而要依赖其他产业部门的服务活动；二是组织的系统性，各产业部门依据其服务内容和服务方式，构建相应的组织载体，围绕农业再生产的各个环节，形成有机结合、相互补充的组织体系，为农业提供综合配套的服务。

（3）农业生产性服务业

农业部、国家发展改革委、财政部发布《关于加快发展农业生产性服务业的指导意见》（农经发〔2017〕6号）将农业生产性服务定义为：贯穿农业生产作业链条，直接完成或协助完成农业产前、产中、产后各环节作业的社会化服务。此定义与狭义的农业社会化服务大致相同，只是农业生产性服务更加强调市场化、经营性服务。因此，本书对农业生产性服务业概念的使用，与狭义的"农业社会化服务"的提法并未作明显区分。

生产性服务即被其他产品或服务的生产过程用作中间投入的服务，主要表现为两种形态：一是内部化、非市场化的非独立形态，如农户自我提供农机服务；二是外部化、市场化的独立形态，如农机服务公司向农户提供市场化农机服务（姜长云，2016）。生产性服务业与后者相对应，是市场化、外部化的生产性服务提供者的集合体，涉及农业、工业、服务业等产业的多个环节。农业生产性服务即在农业生产过程被用于中间投入的服务。农业生产性服务业是外部化、市场化、独立化的农业生产性服务提供者的集合体（姜长云，2020b）。农业生产性服务业可以是重点面向农产品生产过程或农业产中环节的，也可以是面向农业产前、产中、产后环节或整个农业产业链的，甚至是农业生产性服务全程供应商、综合集成商、农业产业链问题解决方案提供商。

《国民经济行业分类》（GB/T 4754—2017）并无服务业、生产性服务业分类，《生产性服务业统计分类（2019）》也并未对农业生产性服务业进行界定。通过发展农业生产性服务业，推进生产型农业向服务型农业转型，已经成为中国农业发展的大趋势。因此，有必要在《国民经济行业分类》和《生产性服务业统计分类》基础上，制定"农业生产性服务业统计分类"标准（王玉斌，2021）。

国家政策文件中使用的"农业生产社会化服务"，如农业部办公厅、财政部办公厅《关于支持农业生产社会化服务工作的通知》（农办财〔2017〕41号），与"农业生产性服务"并无显著区别。

（4）农业生产托管

农业部、国家发展改革委、财政部《关于加快发展农业生产性服务业的指导意见》（农经发〔2017〕6号）将农业生产托管定义为：农户等经营主体在不流转土地经营权的条件下，将农业生产中的耕、种、防、收等全部或部分作业环节委托给服务组织完成或协助完成的农业经营方式。该文件强调农业生产托管是"服务型规模经营的主要形式""把发展农业生产托管作为推进农业生产性服务业、带动普通农户发展适度规模经营的主推服务方式"，农业生产托管的主要形式有"土地托管""代耕代种""联耕联种""农业共营制"等。小农户等经营主体通过生产托管，接受统一深松整地、集中育秧、统一播种、统防统治、统一收割、统一烘干仓储等全部或部分作业环节的服务。推进农业生产托管，有利于引领普通农户参与农业现代化进程，有利于促进服务规模经营发展，有利于促进农业节本增效，有利于推进农业绿色生产发展，是农业社会化服务体系建设的重要内容。实践中探索形成的托管模式主要有单环节托管、多环节托管、关键环节综合托管和全程托管。根据服务对象需求的不同，可将农业生产托管分为全托管、半托管两类。"全托管"是农户等经营主体将从种到收整个农业生产过程交由托管服务组织全权负责，农户只需要支付服务费用即可，不需要提供任何劳动，即全程托管模式。"全托管"模式更适合于没有能力种地的农户、非农户以及无劳动力的家庭等。"半托管"是指农户向第三方服务组织购买耕、种、防、管、收中的某个或多个生产环节的专业服务的过程，也可称为"菜单式托管"。"半托管"模式适合家庭内部劳动力缺乏、季节性外出打工、农业投入资金不足、仍保留耕种意愿的家庭。以目前的发展状况来看，半托管是发展农业生产托管的主要趋势。半托管又进一步被分为单环节托管、多环节托管及关键环节综合托管等形式。

农业生产托管与土地流转分别代表服务规模经营和土地规模经营的主要形式，二者都是农地适度规模经营的实现路径，在一定条件下可以相互促进。实际上，相当部分小农户规模小、土地碎，达不到托管服务的作业条件，适当流转整合，反而有利于农业生产托管。二者根本的不同之处在于是否发生土地经营权流转。土地出租后，农户在合同期内丧失了土地经营权，可安心从事非农生产，但也失去了土地的保障功能，只要承租方没有违背协议，农户不再享有生产决策权，农户获得稳定的租金收益，可规避农业生产和市场风险。农业生产托管不改变农户享有的土地经营权，农户仍然按照一家一户经营，对土地的承包权不变、经营权不变、受益主体地位不变。半托管下，农户享有全部或部分生产决策权；全托管下，农户按照合同约定享有部分生产决策权，服务方全权负责从种到收的全部生产环节，农户需要支付一笔服务费，或者约定以收获的农产品抵扣服务费。对委托方而言，农业生产托管满足了其希望退出繁重人力、畜力作业方式而又不愿意退出一家一户经营模式的愿望，保留了其全部或部分生产决策权；对受托方而言，托管不仅能降低投入成本门槛，更分散了经营风险（武舜臣等，2019）。

(5) 土地托管

国家相关政策文件并没有对"土地托管"的概念进行界定。学术界对土地托管研究较多。在现有文献和政策使用中，对土地托管界定未形成一致。有的文献所称的土地托管实际上就是农业生产托管，如仝志辉和侯宏伟（2015）将土地托管服务定义为：在"农户加入自愿、退出自由、服务自选"原则下，不改变集体土地所有制的性质、不改变土地承包关系及土用途，由托管服务组织为农户提供从种到管、从技术服务到物资供应的全程服务。此概念与"农业生产托管"基本一致。国内大部分学者并未将"土地托管"与"农业生产托管"进行严格区分。近年来也有部分学者提出了二者的差异。姜长云（2020c）认为规范的农业土地托管应是农户（或新型农业经营主体）将农用土地经营权作为资产委托给服务组织从事农业经营管理，并在一定期限内放弃农业或土地经营权的方式；而农业生产托管方式下，农户（或新型农业经营主体）保留土地或农业经营权，据此认为农业土地托管服务与在流转的土地上从事农业经营并无太大差别。杜洪燕等（2021）认为土地托管仅指全程农业生产托管，即农业生产托管中的全托管模式。冀名峰和李琳（2020）认为"土地托管"无法概括部分农业生产环节托管这一现实情况。本书所称土地托管采用国内大部分学者的认知，即指"农业生产托管"，包括全托管和半托管；姜长云等（2021）学者提出的土地托管概念实际上与土地托管的"全托管"相对应。

尽管"土地托管"字面含义上将土地作为托管对象产生的契约关系与"农业生产托管"不同，但现实中的土地托管并不是这个含义。现实中的土地托管的含义是：具备一定条件的农业社会化服务组织受托为农户、合作社、家庭农场、涉农企业等经营主体，提供农地产前、产中或产后等环节中所产生的所有劳动环节（劳务）或部分劳动（劳务）环节的委托管理服务（徐勤航，2017）。这里的托管与土地的委托管理无关，而是与土地上的附着物的委托管理相关，在种植业领域其实质是"土地作物托管"，体现的是劳务外包。从这个意义上，土地托管与农业生产托管并无显著差别。农业生产托管在概念上是新生事物，从具体内容来看并不是新生事物。农业生产托管提出以前，土地托管已经存在。土地托管主要有3个来源：一是20世纪90年代中期开始的"托管站""托管所"等农民自我摸索创新，与农业生产托管在形式上一致；二是一些地方的供销社系统、农技推广部门以土地托管为拓展业务、增强服务职能的业务创新；三是经营主体借鉴国外经验，如日本农业协会推行的土地托管服务（芦千文和苑鹏，2021）。在国内，一些地区如山东、海南，习惯上将"农业生产托管"称为"土地托管"。虽然土地托管是农业生产托管最主要的一种服务形式，但是并不能囊括农业生产托管的所有实践形式，考虑到本书重点研究海南的农业生产托管，因此，本书所称的"土地托管"即"农业生产托管"，如无特别说明，不再对二者进行严格区分。

农业社会化服务、农业生产性服务、农业生产托管、土地托管都是农业服务规模经营的表现形式，4个概念承前启后，分别代表理论和实践研究的不同层面和范围，农业社会化服务代表理论层面，后三者均是农业社会化服务的不同表现形式（杜洪燕等，2021）。农业生产托管是农业生产性服务的最新实践，农业生产性服务是指"下地干活"的那部分农业社会化服务，土地托管是农业生产托管的主要实践形式。四者的关系如图1-1所示。从国际经验看，农业生产更大范围的联合与合作是必然趋势。未来一段时间，蓬勃发展的农业生产性服务业是农业社会化服务体系建设过程中的阶段性产物和过渡性状态，农业生产性服务与城乡一体生活性服务将快速协同兴起，全方位覆盖农业农村经济社会生产、生活、生态的服务业体系将渐趋完善（王玉斌，2021）。

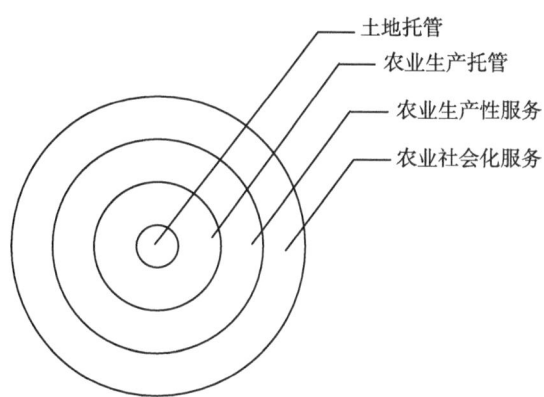

图 1-1　相关概念关系示意图

1.3　研究内容和技术路线

1.3.1　研究内容

（1）我国农业生产托管的发展历程与经营现状

第二章。在深入分析海南省农业生产托管发展状况之前，对我国农业生产托管的发展历程演进、国内理论研究成果以及各地涌现出的农业生产托管的地方实践进行详细梳理分析，以期全面掌握我国农业生产托管基本情况，并详细研究了大力推广农业生产托管的理论基础、各地实践的具体模式和典型做法，提炼可供海南省借鉴推广的经验。

（2）海南省农业生产托管发展现状和可行性分析

第三章和第四章。在全面梳理海南省农业生产托管发展历程以及农业生产托管项目和农业社会化服务平台建设情况基础上，探讨海南省加快推进农业生产托管的可行性，分别从农业的基础地位、优势农产品区域布局、保障粮食安全、盘活撂荒土地、提升农业服务现代化和新发展阶段机遇与挑战等方面进行详细分析。

（3）海南省农业生产托管的供需匹配状况分析

第五章、第六章和第七章。结合海南省重点市县农户生产托管需求问卷调查和农业生产托管服务组织的访谈调研，深入分析海南省农业生产托管需求和供给现状及其主要影响因素。在此基础上，开展海南省农业生产托管服务市场供需匹配状况及供需失衡原因分析。

（4）海南省典型农业生产托管服务模式分析

第八章。在现状分析基础上，提炼总结海南省农业生产托管实践中涌现出的典型服务主体和服务模式，分析其运作机制、取得的成效和典型经验。

（5）加快推进海南省农业生产托管的政策建议

第九章。分别从农业生产托管服务市场的需求侧、供给侧和政府端提出相应的政策建议，并在总结国内和海南省成功经验基础上，提出海南省因地制宜推广的农业生产托管经营模式。

1.3.2 技术路线

详见图1-2。

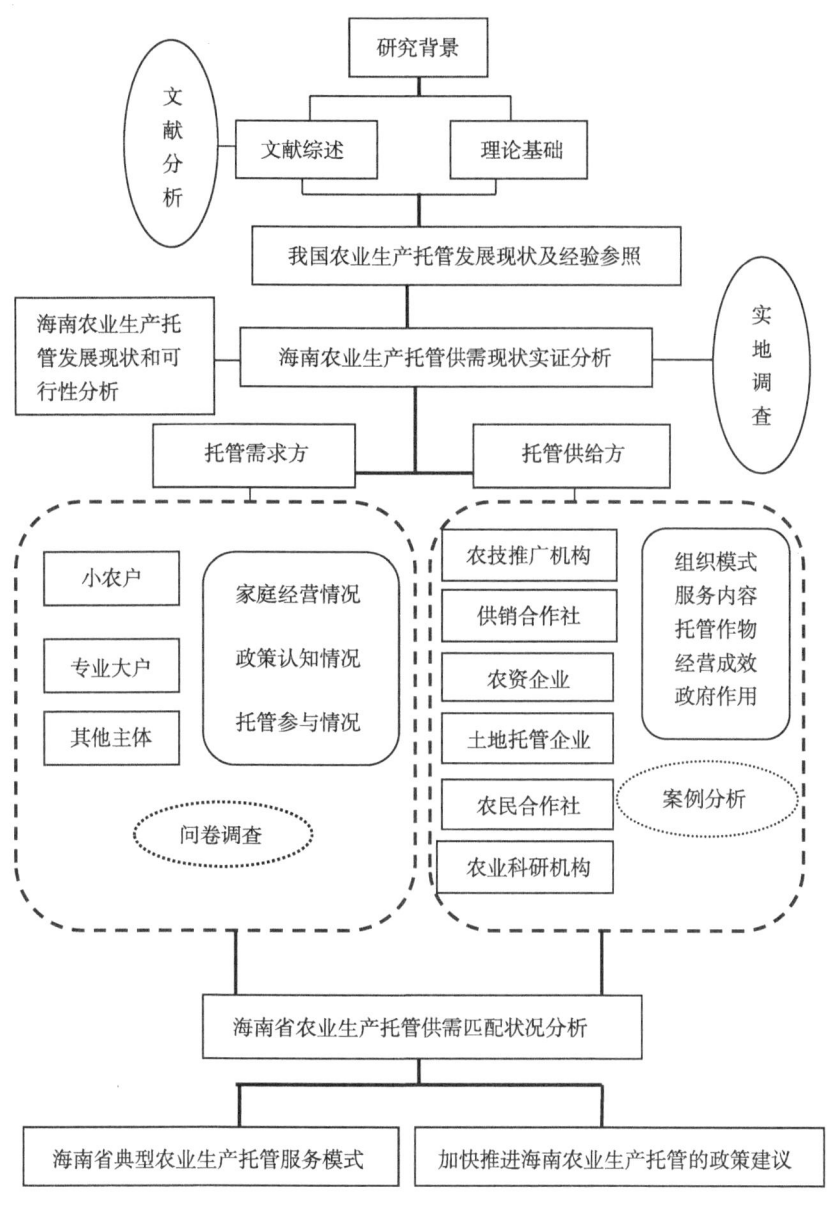

图 1-2 技术路线

1.4 研究方法与数据来源

1.4.1 研究方法

（1）文献分析法

通过对国内各地农业生产托管相关资料文献收集整理，分析农业生产托管推进小农生产现代化实现路径的内在理论逻辑，总结各地实践的成功经验，为推进海南农业生产托管提供借鉴。

（2）理论分析法

运用经济学供需理论研究海南农业生产托管服务市场的供需匹配状况，分析其原因，提出促进供需有效对接的政策建议。

（3）实地调查法

对海南农业生产托管服务涉及的市场主体和典型服务组织开展实地调查，掌握第一手资料，开展实证分析。

（4）案例分析法

开展海南农业生产托管经营的典型案例及省外成功案例的研究，进行对比分析，深入考察运行机制，为海南农业生产托管服务组织模式优化提供指导，推广海南可借鉴的典型服务模式。

1.4.2 数据来源

（1）统计年鉴

包括历年出版的《中国统计年鉴》《海南省统计年鉴》，如无特别说明，本书数据均出自国家或海南省统计年鉴。部分统计数据来自农业农村部农垦局印刷的《全国热带、南亚热带作物生产情况》。

（2）实地调查

实证分析数据来自海南省内实地调查的问卷和访谈整理数据。

（3）文献资料

部分数据引自公开发表的论文、图书、报纸、政府部门或企业官方网站等。

第二章
我国农业生产托管的发展历程和经营现状

我国农业生产托管是伴随着农村改革产生和发展，从无到有，历经了近30年，是由基层农民试验并逐渐推广，最终上升为国家政策的实践创新和典型示范，是自下而上的基层探索与自上而下的顶层设计的有机结合。

2.1 我国农业生产托管的发展历程[①]

2.1.1 初始阶段

我国农业生产托管始于20世纪90年代甘肃省泾川县王村乡农民创办的"托田所"，外出务工或耕地意愿不强的农民把自家承包田托给托田所，在明确托管土地的所有权、承包权、使用权基础上，托田所将土地有偿地转包给有耕种能力的农户。此举解决了外出务工农民的后顾之忧，同时受托大户能够成片耕种土地，节约了生产成本，提高了生产率。1995年，湖南省浏阳县（现浏阳市）北盛镇89%的村民小组都办有托田所，托田所均以镇、村、组三级组织为依托，设有"全托"和"半托"两种形式，农民可自由选择，镇政府以文件形式制定统一的政策，托田方和受托方一律签订书面协议，受托农户达7 244户，镇、村、组三级组织共同遵守，实现政策上的统一性，避免了因口头协议引发的各种矛盾（文水，1997）。胡志安（2000）对湖北省鄂州市6个乡镇10个村1 314户农户土地托管进行抽样调

---

① 第二章部分研究成果发表在《热带农业工程》（2021年第1期第103-107页）：我国土地托管的发展历程及实践经验启示。

查发现，土地托管可以让一些种植能手全身心投入土地耕作，加快了劳动分工，有力地促进了农村劳动力资源的合理配置；土地向种田能手集中，推动了土地的集约经营，加速了农村劳动力的转移；随着种植规模的扩大，为农业新技术及时推广应用创造了有利条件。该文对土地托管经营形式做了充分肯定，也提出了土地托管存在不少应待完善的问题。总的来说，这一阶段的农业生产托管还是农村经济发展中的新生事物，处于自发形成的初级阶段，一方面存在托管规模小、随机性大等特点，另一方面缺乏应有的组织、规范和引导，配套服务没有跟上。

2.1.2 发展阶段

2007年《农民专业合作社法》正式实施，这是新中国成立后首部专门规范和发展农民专业合作经济组织的法律，首次以立法形式推进农民的经济互助与合作。《农民专业合作社法》实施后，农民专业合作社如雨后春笋般发展壮大，农民专业合作社等新型经营主体的农业生产托管服务得到迅速发展。2008年，陕西西安农民薛拓组建公司对粮田实行土地托管，对长安区的5个乡镇15个行政村3 800户的1.61万亩粮田实行良种、化肥、耕种、灌溉、防虫、除草、防病、收割、粮食收购"九统一"[①]。2009年山东省供销社率先探索土地托管模式，形成"汶上模式"，分全托和半托两种形式，在不改变土地的承包权、经营权、收益权的前提下，由基层供销社和村"两委"合办合作社，组织农民入社，并签订包括耕种、管理、收割、烘干、贮藏、销售等在内的全套土地托管服务协议，有效破解了超八成青壮年劳动力外出打工带来的"谁来种地"难题。河南、河北、江苏、安徽等地纷纷效仿成立土地托管专业合作社，服务组织日益增多。这一阶段农业生产托管成效显著，闲置土地迅速被聚集，产生了规模经营效应，由"菜单式"托管逐渐向"全程"托管发展，服务范围日益拓展。随着经营规模的扩大，也出现了一些问题，例如，托管经营主体经营资金短缺，限制了服务规模的扩大；农民大多持观望心理，托管的实现需要村干部、村委会等反复动员；土地细碎化现象严重，农户多选择菜单式托管；托管经营主体在人才技术、

---

① 引自《土地托管：写进"一号文件"的"陕西创造"》，三秦都市报微博，2017-02-15。

物资装备等方面较匮乏；国家对经营主体托管服务的规范指导和政策支持较少，还处于实践摸索中。

2.1.3 规范阶段

随着各地农业生产托管由点及面、逐步铺开，形成了一批可复制可推广的农业生产托管成功模式和典型经验做法，农业生产托管逐步由实践经验上升为制度安排。2014年中央一号文件首次提出土地"托管式"服务，明确提出"大力发展主体多元、形式多样、竞争充分的社会化服务，推行合作式、订单式、托管式等服务模式，扩大农业生产全程社会化服务试点范围"；国务院出台《关于加快发展生产性服务业 促进产业结构调整升级的指导意见》（国发〔2014〕26号），提出"加快服务业与农业、工业等在更高水平上有机融合"。2014年，山东省在总结本省农业社会化服务经验的基础上率先发布了地方标准《农业社会化服务 第1部分：土地托管服务规范》，在此基础上，《农业社会化服务 土地托管服务规范》国家标准于2017年正式发布，标志着土地托管从实践经验不断走向规范化。2017年6月，农业部办公厅、财政部办公厅发布《关于支持农业生产社会化服务工作的通知》提出，要以支持农业生产托管为重点，推进服务带动型规模经营。在总结农业生产全程社会化服务试点工作的基础上，农业生产托管自2017年正式在全国推广。2017年8月，农业部、国家发展改革委、财政部联合发布《关于加快发展农业生产性服务业的指导意见》，提出大力推广农业生产托管，总结推广一些地方的探索，要把农业生产托管作为推进农业生产性服务业、带动普通农户发展适度规模经营的主推服务方式。2017年9月，农业部办公厅出台《关于大力推进农业生产托管的指导意见》，对重点支持开展托管的农产品生产、托管环节、托管模式以及重点支持的服务规模经营形式和加强行业管理等方面进行了规范。近几年，在国家一系列文件的指引下，农业生产托管向规范化发展。2021年12月1日起施行的《山西省农业生产托管服务条例》作为全国首部相关地方性法规，明确了服务主体范围、服务内容和各级政府职责，建立了农业技术人员联系服务主体制度、技能培训制度、纠纷解决、失信惩处等制度，为全国农业生产托管立法探索提供了山西路径。中央财政自2017年起通过农业生产发展资金安排农业生产社会化服务项目任务，支持小农户通过农业生产托管为主的服务方式，广泛接受各类农业社会化服务，标志着农业生产托管已从地方经验上升为国家政策。2017—2020年，中央财政分别安排专项资金30亿元、40亿元、40亿元和45亿元支持农业生产托管项目。其中2020年中央财政支持29个省（区、市）开展农业生产托管项目，推动农业生产托管加速发展。截至2020年底，全国农业社会化服务组织达到95.5万个，生产托管服务面积16.7亿亩次，其中服务粮食作物面积超9亿亩次，服务小农户7 800多万户[①]。这一阶段全国各地依托自身资源禀赋，探索出多种符合当地特点的农业生产托管经营方式，涌现了较多成功的典型服务模式，国内学者对农业生产托管的理论研究逐渐增多。农业生产托管发展初期面临的诸多问题，在各地政府大力支持、各经营主体的积极协调和多方社会资源整合推进下正在逐步得到解决。农业生产托管已成为现代农业经营方式的重要创新。

2.2 我国农业生产托管的理论研究成果

2.2.1 关于小农户与现代农业

西奥多·W. 舒尔茨（2013）在《改造传统农业》中提出著名的"贫穷但有效率"的论断，即尽管传统小农可能贫穷，但是他们同样具有经济理性，会在特定的资源禀赋约束下达到配置最优的均衡状态。日本学者进一步指出小农经济是经济发展的重要动力（近藤正臣和曲翰章，1986；速水佑次郎和神门善久，2003）。李斯特（Friedrich List，1841）和托达罗（M. P. Todaro，1983）等人的农业生产专业化和商品化理论，将发展中国家的农业现代化进程分为3个阶段，其中第3阶段是农业专业化阶段，指出农业高级阶段以专业化生产为手段，以市场交换为目的，这是农业现代化的一个主要特征。

[①] 引自《截至2020年底，全国农业社会化服务组织数量超90万个　有了"田保姆"种地更划算》，人民资讯，2021-02-28。

党的十九大提出开启全面建设社会主义现代化国家的新征程，没有小农的现代化就不能实现中国农业农村现代化。国内对现代农业内涵的研究普遍认为，现代农业的发展需要现代要素的持续投入（杨向辉和王健，2017）。现代农业区别于传统农业的衡量指标包括：①专业化水平；②市场化程度；③生产要素规模化程度；④垄断化程度（汪洪涛和王朝科，2019）。改革开放以后确立的家庭联产承包责任制是我国农村基本的经营制度和土地制度，实现了土地所有权和经营权的"两权"分离。党的十八届五中全会提出农村土地"三权分置"，实现土地集体所有、农户承包、多元经营，是中国农村改革的又一次重大创新，顺应了发展适度规模经营的时代要求，为中国特色新型农业现代化开辟了新路径（韩长赋，2016）。

长期以来，"大国小农"是我国最基本的国情和农业发展实际。"小农"以家庭为基本的生产单元，以自主经营为特征，以传统知识的承袭为主要技术获取方式（庄天慧和骆希，2019）。随着农业现代化的推进，分散、小规模和难以统一的小农生产与规模化、机械化和专业化的现代化农业的矛盾越来越多，当今中国"三农"问题最基本的根源就是小农模式与市场化的宏观经济环境之间的不匹配（汪洪涛和王朝科，2019）。解决小农户与现代农业发展有机衔接的问题成为新时代中国特色农业现代化的核心问题（钟真，2019）。实现小农户与现代农业发展有机衔接更为系统的方案在于：一方面，从制度、组织和技术等宏观层面联动设计；另一方面，从规模化、组织化和信息化等微观方向持续发力（郑淋议等，2019）。农业生产托管是在大国小农的基本国情农情下我国推进农业现代化的一种发展路径，学术界开展的研究更多的是基于中国的地方实践。

2.2.2 关于农业规模经营

学术界普遍认为农业规模经营是实现农业现代化的必经之路。党的十九大报告提出构建现代农业产业体系、生产体系、经营体系。构建现代农业经营体系，是新时代坚定不移地实施乡村振兴战略的重要举措（张红宇，2018）。农业现代化过程中农业投资收益的提高主要取决于产品生产的平均成本下降，客观上要求农业的生产经营必须具备适度的经营规模，主要是土地等基础要素的适度规模（杨向辉和王健，2017）。通过发展多种形式适度规模经营，实现小农户与现代农业发展有机衔接是未来很长一段时期内中国农业政策的目标（孔祥智和穆娜娜，2018）。从已有文献看，主张通过土地流转与集中实现农业规模经营的"土地规模经营论"和主张通过农户专业化分工、购买生产性服务，实现农业规模经营的"服务规模经营论"，成为中国农业规模经营的两大派别。

（1）土地规模经营

土地规模经营的具体形式包括土地租赁、股份合作、土地互换、土地使用权转让等形式，其中土地租赁是土地流转的主要形式。推进土地流转集中并实现规模经营，是国家相关政策的基本方向（胡新艳和罗必良，2016）。在顶层设计的指导下，地方政府积极推动土地流转，有力地推动了农业适度规模经营。土地流转既有利于农业产业结构调整和农业规模化经营，同时也有利于农村剩余劳动力转移和农民增收（李灿，2017）。随着流转规模的不断扩大，继续以土地流转推进土地规模经营面临的制约越来越多。例如，农户参与不积极、流转期限短、非粮化经营突出、流转权属不清、破坏乡村和谐、流转效率低下等一系列问题（孙新华，2013；舒全峰等，2014；周春晓等，2017；朱文珏和罗必良，2019）。土地流转推进农业适度规模经营的路子已经走到改革"深水区"（钟真，2019）。

（2）服务规模经营

对"土地规模经营论"的质疑与反思过程中，越来越多的学者开始探讨通过生产环节外包实现农业规模经营的可能性（陈义媛，2017），并逐渐归纳出服务规模经营模式（胡新艳和罗必良，2016；孙新华，2017），通过扩大农业社会化服务的供给规模实现农业规模经营，其中农业生产托管实现了生产性服务的规模经营，具体形式包括土地托管、联耕联种、代耕代种等，以土地托管为主。国内关于服务规模经营的研究，主要是建立在与土地规模经营的比较上。对于土地和服务规模经营，孔祥智（2018）认为二者根本差异在于风险分担机制和利益分配机制的不同。罗必良（2017）认为规模经济的本质在于分工与专业化，在要素（服务）市场开放的条件下，农户生产经营能力的差异及其分化，农业分工并不仅仅停留于农户家庭内部的自然分工，农户参与市场交易具有现实可能性。一旦农户卷入社会化分工与生产性服务外包，同样能够内生出服务规模经济性。在农户存在对土地的身份财产权和在位控制权诉求的刚性约束条件下，推进农业服务规模经营是我国农业适度规模经营发展的重要方向（胡新艳，2016）。发展农业生产性服务业，可以为解决当前的农业问题提供新思路，为解决"谁来种地""如何种地"问题探索新路径，为加快农业发展方式转变培育新引擎（姜长云，2016）。

土地规模经营与服务规模经营之间并非不相容的排斥关系，而是相互促进的关系（胡新艳，2016），是实现农业规模经营的两条并行不悖的路径（罗必良，2017）。中国的农业规模经营并不是单纯依靠"土地"和"服务"中任意一个要素就能实现的，而是二者的有机结合和内在统一（胡凌啸，2018）。中国政府在推动农业规模经营的实践中逐渐优化政策思路，最终确立了多种形式适度规模经营的发展方向（张红宇，2013）。

在国外，所有的涉农服务一般统称为农业服务，农业服务涵盖的内容较多，包含了农业社会化服务与农村公共服务的内容，农业服务的供给主体主要包括政府公共部门、私营企业、农村合作经济组织等。到20世纪80—90年代，像美国、西欧、日本等发达国家和地区已建立起比较完善的贯穿产前、产中、产后整个农业生产过程的社会化服务体系。美国农业以家庭农场大规模生产为显著特征，其更易快速实现农业服务规模化。与我国农业资源禀赋有诸多相似性的日本发展农业生产托管已有近60年的历史，是对土地规模经营形式难以推进的被动替代，形成了较为规范的服务体系，其经验对我国富有借鉴意义（高强和高桥五郎，2012；芦千文和姜长云，2019）。

2.2.3 关于农业生产托管

2017年，农业部、国家发展改革委、财政部联合印发《加快发展农业生产性服务业的指导意见》首次提出大力推进农业生产托管，并将其作为推进农业生产性服务、发展适度规模经营的主推服务方式。农业生产托管衍生于农业生产性服务、农业社会化服务，其内涵及范围更为聚焦，在概念层面属于新生事物，在实践层面则由来已久（王玉斌和李乾，2019）。在实践中，农业生产托管，也称"土地托管"（如山东省），创新形成了"万千小农户+大服务"的新型生产关系（杜洪燕等，2020），是引领小农户进入现代农业发展轨道的重要路径（韩俊，2020）。产权和交易成本理论、反向租佃理论等是农业生产托管的理论基础（罗必良，2017；常伟和王丽霞，2018）。国内学者关于农业生产托管的研究主要是围绕我国各地发展实践展开的。在实践中，农业生产托管是服务规模经营的主要形式，服务规模经营是农业生产性服务业充分发展的结果，加快发展农业生产性服务业，大力推进农业生产托管，是新时代现代农业发展的新动能（冀名峰和李琳，2020）。

（1）服务内容和主体

中央关于农村土地"三权分置"的重大创新，为共享土地经营权的发展提供了理论指引（赵鲲，2016；张红宇，2017）。根据服务对象需求的不同，农业生产托管可分为全托管、半托管两类（武舜臣等，2019）。从实践看，农业生产托管经营主体主要包括供销社（孔祥智，2018）、以农资零售商为代表的农业企业（胡凌啸等，2019）、村两委（陈义媛，2017）、农民专业合作社（李登旺和王颖，2013）、土地托管协会（郭丽果等，2019）等。托管服务内容涉及从种到收、从农资供应到技术指导到产品销售的单环节、多环节和全程托管服务，托管经营主体呈现多元化趋势。有研究发现，以农资商为代表的农业企业在利润驱动下，最有动力推动土地托管；而村两委和基层供销社的参与动力尚不足（陈义媛，2017）。

（2）农业生产托管需求主体研究

从农业生产托管需求方角度的研究主要涉及农业生产者托管意愿及行为选择、托管后农户福利、农业效益影响等方面。王钊等（2015）实证分析了重庆市农户农业社会化服务需求状况影响因素，研究结果表明，土地规模、农业生产收入和农业服务水平对农业社会化服务需求发挥积极作用；土地细碎化程度、农户兼业化程度对农业社会化服务需求产生消极影响；男性对社会化服务的需求程度明显高于女性。靳晓敏等（2021）基于新疆地区玉米种植户的调研数据发现，农户个人特征、家庭禀赋和当地农户农业生产社会化服务采用率共同影响农户托管行为的选择。吕杰等（2020）基于东北三省玉米种植农户调查数据发现，风险规避与关系网络对农业生产托管服务类型有明显的选择偏向影响，其中农户风险规避程度对选择全程托管服务有阻碍作用；农户关系网络对选择全程托管服务有积极影响。李丹等（2018）基于江西水稻种植的经验数据发现，在土地托管模式下，农户在保留经营收益权的同时承担了一定风险，风险偏好程度越高的农户越有可能选择土地托管模式。部分学者基于微观数据的实证分析，认为农业生产托管可有效提高农民收入（赵鑫等，2021）、提升农户家庭经济福利水平（靳晓敏等，2021；李忠旭和庄健，2021）、提高农业生产技术效率（许佳彬和王洋，2021）、带动农户绿色生产（孙小燕和刘雍，2019），但土地托管对农户生态经济收益的影响存在作用边界，边界值随农作物类型与农户类型的不同而变化，土地托管面积对农户生态经济收益呈倒"U"形影响（余粮红等，2021）。杨彩艳等（2018）基于安徽、江西、湖南、湖北4省水稻种植户的微观调查数据，采用三阶段DEA模型测算生产效率，发现4省农户参与农业社会化服务后的农业生产效率存在显著差异，且效率水平普遍低下，金融服务、农技服务、机械服务对农业生产效率的影响显著为正，良好的基础设施由于存在维护与管理方面的缺陷，对农户的生产效率表现出显著抑制作用。

（3）农业生产托管服务供给研究

从服务供给方角度的研究主要集中在服务模式、风险分担、利益分配等方面。典型的案例有山东省供销社着力打造县、乡、村三级合作社（联合社）体系，与镇村干部合作的"村社共建"模式（扈映，2019）、江苏南通由农机（农业）服务组织、农机手、种田大户、家庭农场主、村干部等多元服务主体发展而成的"全托管"模式（黄鹤群，2016）、四川宜宾长宁县土地托管与专业合作社发展相结合、全程托管与阶段托管等多种形式相结合（张克俊和黄可心，2013）等。托管农产品选择上，涉及稻谷、小麦、玉米、果树及其他经济作物、牲畜（张克俊和黄可心，2013）等，托管作物主要以粮食作物为主，山东供销社系统粮食作物面积占总托管土地的70%，河南省托管土地中粮食作物种植面积占90%，土地托管呈现"趋粮化"（扈映，2019）。姜长云等（2021）考察了黑龙江省 LX 县村集体股份经济合作社、农机合作社、农民种植专业合作社和农事企业（专业服务公司）发展农业生产托管服务的 4 种组织形式，指出当前农业生产托管服务的发展仍然存在一些政策短板和痛点堵点，推动农业生产托管服务高质量发展，完善相关支持政策至关重要。农业生产托管利益分配模式可划分为无收益约束型、监督主体介入型、保底产量型、保底产量+分红型和合同外附加收益型等 5 种类型（王玉斌和李乾，2019），面临的风险可分为外生风险（市场、制度、自然风险）、内生风险（契约风险）和内外生交互风险 3 种类型（常伟和王丽霞，2018）。部分学者深入分析了服务主体开展农业生产托管面临的困境，豆书龙和张明皓（2021）以山东省共享县供销部门土地托管为个案，指出供销部门内部关系并未理顺和协调，导致其开展土地托管的积极性和主动性难以激发。土地托管经营存在着分化农民的意愿难以协调、村社组织的统筹受到限制、政府部门的推动缺乏体系等问题（孙新华，2017）。土地托管面临的农业生产自然风险、经营风险、财务风险和市场风险需要通过灵活的托管形式、恰当的利益分配机制和生产组织方式在托管委托方和土地托管服务组织之间得到合理分担（穆娜娜等，2018）。杜洪燕等（2020）指出农业生产托管服务存在着契约违约风险、市场价格风险和自然灾害风险，对比分析不同模式下的风险防范措施和经验，股份制全程托管将受托方和委托方更加紧密地联系在一起，从而进一步分散风险，优于其他托管方式。王玉斌（2019）认为合同是保障农业生产托管服务组织与服务对象达成共赢利益分配格局得以稳定实现的关键，利益分配模式选择应视地区资源禀赋、经济发展水平、托管作物种类等而定。杜洪燕等（2021）着眼于服务规模经营视角下农业生产托管服务商的组织方式创新，总结提炼了横向联合扩大服务规模、纵向联合延长产业链条、交叉联合提供全方位服务、线上线下搭建信息化资源共享平台等服务融合创新方式。当前不同服务主体普遍面临"两难、三缺"，即用地难、融资难；缺设施、缺人才、缺保险（李琳和文洪星，2019）。

（4）实践效果总体评价

学者对农业生产托管实践效果的评价更多是倾向于积极正面的，有利于在小农户不退出的情况下提升规模化经营水平，有利于防止非粮化（赵鲲，2016）；能够降低农业生产成本，提高生产效率（李登旺和王颖，2013）；有利于强化农业双层经营中"统"的功能（钟真，2019）；一定程度上解决"谁来种地""如何种地"的难题（张克俊和黄可心，2013）；实现小农户与现代化农业生产的对接（徐勤航，2019）；本质上呈现的是农业发展过程中的乡村治理的实践状态，体现了中国独特的农业治理和农业现代化实践逻辑（崑映，2019）等。部分学者在对土地托管与土地流转比较分析基础上，提出了土地托管的5个适用条件：持续稳定的非农就业和家庭收入结构的转变；土地能够集中连片和规模经营；村级组织强有力的组织动员和协调治理能力；完善的农业生产社会化服务体系；土地托管更易在土地流转之外产生，两者在一定条件下相互替代和转化（于海龙和张振，2018；武舜臣等，2019）。

（5）小农户衔接农业生产托管服务的困境

实践中，托管服务主体私人利益突显、资本的趋利性流动、差异化小农对接成本高、地方政府政策执行的"变通"与国家政策的冲突，均使托管服务与小农户经营的供需衔接困境重重。例如，在山东省部分地区，在市场和行政力量的联合推动下，土地托管改变农地经营关系，转向与规模土地流转结合，少数种植大户取代众多小农散户成为农地经营主体，土地托管模式异变，托管性质由为农民服务变成为资本和大户服务（韩庆龄，2019）。规模服务供给主体倾向于对接规模服务需求主体，因此对小农户存在"挤出效应"（杜洪燕等，2021）。未来需要提升小农户组织化程度，培育农业生产托管供需市场，推动供需有效对接。

此外，还有部分学者从农业生产托管补贴效应（韩青等，2021）、土地托管风险规避策略（于海龙和张振，2018；常伟和王丽霞，2018；陈建华，2012）、政府及村社组织的作用（孙新华，2017；武舜臣等，2019）等方面展开了丰富的研究。

关于海南农业生产托管的文献也仅限于作者基于海南儋州的实证分析，研究发现农户对托管政策认知不足，实际参与率低，但具有较强的潜在托管需求，农业生产托管面临着需求困境（王成丽和叶露，2021）。

2.3　我国农业生产托管的地方实践

2.3.1　全国农业生产托管项目实施情况

（1）农业生产全程社会化服务试点工作

2013年中央一号文件提出构建农业社会化服务新机制，充分发挥公共服务机构作用，加快构建公益性服务与经营性服务相结合、专项服务与综合服务相协调的新型农业社会化服务体系。为落实中央一号文件要求，财政部印发《2013年农业生产全程社会化服务试点实施指导意见》，中央财政启动农业生产全程社会化服务试点，安排了5亿元的专项资金，用于支持江苏、安徽、江西、河北、河南、山东、湖北、湖南等8个粮食主产省开展农业生产全程社会化服务试点，支持各类农业经营性服务组织从事良种示范、农资配送、信息提供等农业社会化服务。2014年试点增加广西、重庆、四川、辽宁、浙江5个省（区、市）。2015年继续扩大试点范围，将内蒙古、吉林、黑龙江和福建4个省（区）纳入试点，农业生产全程社会化服务试点共包括江苏、安徽、江西、河北、河南、山东、湖北、湖南、广西、重庆、四川、辽宁、浙江、内蒙古、吉林、黑龙江和福建等17个试点省（区、市），并选择江苏、浙江、安徽、福建、江西、湖北、湖南、广西、重庆、四川等10个省（区、市）组织开展水稻集中育秧，采取"先育秧、后补助"的补助方式，根据育秧主体与农民签订的合同及农民购买秧苗的单据，由农业部门核实面积后进行补助。为继续做好农业生产全程社会化服务试点工作，2016年中央财政继续支持17个试点省开展农业生产全程社会化服务试点。在保持试点政策连续性的基础上，在上述17个试点省中选择安徽、河北、江苏、浙江、江西、湖北、湖南、四川、山东、河南等10个省开展畜禽粪污综合利用试点。

农业生产全程社会化服务试点采取政府购买社会化服务，或者政府支持农业生产者购买社会化服务等方式，支持具有资质的经营性社会化服务组织从事农业公益性服务，提高农业综合生产能力。中央财政补助资金从中央财政农业科技成果转化与技术推广服务补助资金等经费中统筹安排。社会化服务组织可以提供政府统不了、市场解决不了、单家独户办不了的社会化服务。这项惠民政策由中央财政出资，购买社会化服务组织的服务，服务对象为农户、专业大户、家庭农场、专业合作社、龙头企业等。试点通过财政支持农业生产社会化服务关键和薄弱环节，大力培育多种形式的农业社会化服务组织，健全覆盖全程、综合配套、便捷高效的农业社会化服务体系，实现"四个转变"：一是实现农业社会化服务从农业生产单个环节、关键环节向全程化社会服务转变；二是实现农业社会化服务组织从兼业经营向专业化职业化经营管理转变；三是实现从小规模分散服务向大规模整建制服务转变；四是实现从传统的资源消耗型生产方式向集约型现代农业生产方式转变，机械化、规模化、集约化水平显著提高，改善农业生态环境，提高农业生产效率，增强农业综合生产能力。试点重点支持粮棉油糖等主要农产品生产全程社会化服务和畜禽粪污综合利用，试点县选择重点支持品种和支持环节集中连片推进试点，重点支持作物成本高、短期效益不明显、群众积极性不高的深耕深松、施用有机肥、农作物秸秆还田等环节；支持外部性特征强、单个农户作业效果差的病虫害专业化统防统治等环节；支持资金投入量大、技术难度高，单个农户做不了的工厂化育供苗、烘干储藏等现代农业技术集约运用环节；支持探索畜禽粪污有效储存、收运、处理、综合利用全产业链发展的有效模式。其中，农业生产全程社会化服务以整乡或更大区域整体推进，畜禽粪污综合利用试点以县为单位整体推进。

为进一步完善农业社会化服务供给机制，2015年农业部组织开展了政府购买农业公益性服务机制创新试点，引入市场机制，创新政府扶持方式，培育经营性服务组织，推动资源要素向农业生产性服务业优化配置，提高服务供给效率和水平。2015年安排了辽宁、吉林、江苏、安徽等9个粮食主产省的24个县（市、区），开展试点试验，取得了初步成效。2016年根据中央一号文件要求，扩大政府购买农业公益性服务机制创新试点，试点范围扩大到26个省份的62个县（市、区）。创新试点坚持地方为主，鼓励试点地区探索创新，由地方政府负责试点内容的选择、试点方案的制定以及组织实施。创新试点针对公益性较强、覆盖面广、农民急需、收益相对较低的农业生产性服务关键领域和薄弱环节，围绕购买服务内容、承接服务主体资质、购买服务程序、服务绩效评价和监督管理方式等，开展试点试验，支持符合条件的经营性服务组织承担农业公益性服务。试点明确农业公益性服务内容主要包括：病虫害统防统治、农机作业、水稻集中育秧和机插秧、统一供种、畜禽粪污无害化处理、农业面源污染防治、12316 热线咨询服务、农村经济公共服务等方面。重点探索将经营性服务组织参与公益性服务纳入政府采购体系的实现方式和政府购买服务机制。政府购买农业公益性服务机制创新，是探索改革农业公共服务方式和服务机制，大力发展农业社会化服务的有益尝试。试点地区社会化服务机制不断完善，多元化多层次的服务供给体系正在形成，加快培育了现代农业社会化服务市场。

农业生产全程社会化服务试点和政府购买农业公益性服务机制创新试点工作，取得了阶段性成效，试点示范效应逐步显现，形成了农业生产托管等直接服务农户和农业生产的多种有效形式，对于推进服务带动型规模经营、解决"谁来种地""怎样种地"等问题发挥了重要作用。试点从产粮大省逐步扩展到主要农产品主产省，服务品种从粮食作物逐步扩大到粮棉油糖主要种植品种和畜牧养殖、水产养殖等养殖业领域，服务环节从单环节、关键环节逐步实现农业全产业链社会化服务，覆盖地域逐渐扩大，参与社会化服务的农业生产经营者和服务组织日益增多，但仍面临着服务面积较小，服务规模较小，服务对象较分散，服务规模化水平还较低，服务规范化、标准化程度不高等问题，服务规模经营效益发挥还不显著。在此，以重庆市农业生产全程社会化服务试点工作情况作为典型案例进行经验分享。

典型案例：重庆市农业生产全程社会化服务试点工作

2014 年，财政部将重庆市纳入农业生产全程社会化服务试点范围。2014 年，重庆市选择永川、秀山等 11 个区县开展了试点。2015 年，重庆市进一步扩大农业生产全程社会化服务试点范围，由 2014 年的 11 个区县（自治县）扩大到 35 个区县，在全市除渝中、江北、大渡口、南岸外的 35 个主要涉农区县，开展农业生产特别是粮食适度规模经营全程社会化服务试点，主要做法和经验如下。

第一,围绕主导产业合理选择试点产业。在35个试点区县中,33个重点涉农区县围绕柑橘、生态渔业、草食牲畜、茶叶、中药材、榨菜、调味品等七大"百亿级"现代特色效益农业产业链建设,开展全程社会化服务试点。例如,秀山、永川、梁平、江津以粮油产业为主,长寿、云阳以柑橘产业为主。

第二,通过公开遴选方式确定社会化服务组织。根据组织规模、服务能力、服务价格、技术水平、群众口碑等因素进行综合评估,择优选择。具备服务能力的农民专业合作社、行业协会、农业企业、民营研究机构、种养大户等均可参与竞争。

第三,聚焦关键领域和薄弱环节提供全程服务。服务内容涵盖农业生产的产前、产中、产后等多个环节,针对政府统不了、市场解决不了、单家独户办不了的关键领域和薄弱环节提供社会化服务,重点开展集中育种、插秧、施肥、施药、收割等服务。农民种粮成本大幅下降,服务组织提供专业性服务,提升了农业附加值。

第四,补助比例不搞一刀切。试点区县可根据不同产业服务环节多寡、服务链条长短、服务项目内容繁简等,调整政府与个人承担费用的比例。财政资金补助标准一般不超过该项目社会公允价格的50%。同时,补助资金还要与合同服务作业量挂钩。各区县可以选择部分重点试点乡镇作为服务区域,也可以进行全县整体性推进,对产业关键生产环节或生产全程社会服务给予补助。

第五,政府加强指导,严格监管。市、县农业部门在试点方向、顶层设计、政策扶持、制度保障、运行管理、服务质量效果评价验收等方面加强对试点地区工作指导和支持,发布系列指导文件,帮助试点地区解决试点过程中的问题,及时总结典型模式和成果经验,鼓励引导广大农民和各类组织积极参与农业社会化服务。抓准扶植服务组织这个牛鼻子,鼓励支持各类经营性服务主体在服务市场中公平竞争,积极承担政府提供的农业公益性服务。公开透明遴选服务组织,严格监控服务质量,开展服务合同执行抽查复核,做好跟踪问政和后续管理。

第六,专业助农效益获认可。全程社会化服务提高了田地单产,带来了农业增效和农民增收。同时解放了劳动力，对于全程托管农户，免去了进城务工的后顾之忧。重庆市巴南区惠民街道显林村800多户粮农，雇佣专业公司提供机耕、机插、机收等服务，2014年种地少花了100万元，接受全程服务的田地单产提高10%~20%不等。

（2）农业生产托管服务项目试点情况

2017年，中央一号文件提出深入推进农业供给侧结构性改革，改革财政支农投入机制，推进专项转移支付预算编制环节源头整合改革，探索实行"大专项+任务清单"管理方式。"大专项"就是在中央层面将性质相同、内容相近的若干个财政支农专项转移支付项目，整合成为农业生产发展资金、农业资源及生态保护补助、动物防疫补助、农村土地承包经营权确权登记颁证补助、农业生产救灾资金、渔业发展与船舶报废拆解更新补助、制种大县奖励、生猪（牛羊）调出大县奖励资金等8个"大专项"。在大专项下，细分出若干支出方向。"任务清单"就是农业部、财政部根据党中央、国务院确定的年度农业农村经济重点工作，分省细化任务指标，分为约束性任务和指导性任务，是体现中央宏观调控目标的主要手段。为贯彻落实2017年中央一号文件关于"探索实行'大专项+任务清单'管理方式"的要求，2017年4月，财政部会同农业部制定了《农业生产发展资金管理办法》，该办法自2017年6月1日起施行，《农业机械购置补贴专项资金使用管理暂行办法》（财农〔2005〕11号）、《中央财政现代农业生产发展资金管理办法》（财农〔2013〕1号）、《财政部关于印发〈中央财政农民专业合作组织发展资金管理办法〉的通知》（财农〔2013〕156号）、《中央财政农业科技成果转化与技术推广服务补助资金管理办法》（财农〔2014〕31号）、《农业支持保护补贴资金管理办法》（财农〔2016〕74号）等财政支农相关文件同时废止。中央财政将支持农业生产的相关资金合并为农业生产发展资金，不断强化资金的集聚效应。

根据《农业生产发展资金管理办法》，农业生产发展资金主要用于耕地地力保护、适度规模经营、农机购置补贴、优势特色主导产业发展、绿色高效技术推广服务、畜牧水产发展、农村一二三产业融合、农民专业合作社发展、农业结构调整、地下水超采区综合治理、新型职业农民培育等支出方向，以及党中央、国务院确定的支持农业生产发展的其他重点工作。其中，适度规模经营支出主要用于支持农业信贷担保体系建设运营、农业生产社会化服务等方面。为进一步总结推广农业生产全程社会化服务试点工作经验，2017年8月，农业部、国家发展改革委、财政部三部门联合下发《关于加快发展农业生产性服务业的指导意见》（农经发〔2017〕6号），提出把发展农业生产托管作为推进农业生产性服务业、带动普通农户发展适度规模经营的主推服务方式。为贯彻落实文件精神，农业部办公厅制定《关于大力推进农业生产托管的指导意见》（农办经〔2017〕19号），提出强化农业生产托管项目实施是切实做好当前农业生产托管重点工作之一。自2017年起，中央财政将农业生产托管等社会化服务作为支持重点，在《农业生产发展资金项目实施方案》支持粮食适度规模经营、支持培育新型农业经营主体、支持绿色高效技术推广服务等政策中统筹实施支持农业生产社会化服务。在中央财政农业生产发展资金的支持下，农业生产托管服务试点项目（农业生产社会化服务项目）在各省份试点开展。

2017年以来，中央财政已连续5年安排农业生产发展资金支持开展农业生产社会化服务。围绕粮棉油糖等重要农产品和当地特色主导产业，集中连片开展农业生产社会化服务。服务对象进一步聚焦服务小农户，服务环节进一步聚焦重要农产品生产中关键和薄弱环节的机械化、专业化服务需求，服务方式进一步聚焦农业生产托管。项目支持符合条件的农村集体经济组织、农民合作社、农业服务专业户和服务类企业面向小农户开展社会化服务。项目实施采取先服务后补助的方式，通过以奖代补、作业补贴等多种方式，支持各类服务主体集中连片开展统防统治、代耕代种代收等机械化、专业化社会化服务。加大对江西、湖南、广东、广西、安徽等南方早稻主产省、丘陵地区发展粮食生产等社会化服务支持力度，积极发展多环节托管、全程托管，推动服务规模经营。根据农业农村部统计，截至2020年底，全国农业社会化服务组织达到95.5万个，生产托管服务面积16.7亿亩次，其中服务粮食作物面积超9亿亩次，服务小农户7 800多万户；农业服务主体主要有专业服务公司、农民合作社、供销合作社、农村集体经济组织、服务专业户等类型，其中专业服务公司和服务型农民合作社数量超过服务主体总数的1/3;开展社会化服务的农村集体经济组织数量占服务主体总数的近一成,大多以提供"居间"服务为主[①]。根据农业农村部典型调查,开展农业生产托管后单季粮食作物生产亩均节本增效150元左右,极大地调动了农民种粮积极性,有效稳定了粮食等大宗农作物生产。

  2021年7月,农业农村部发布《关于加快发展农业社会化服务的指导意见》指出,当前农业社会化服务还面临产业规模不大、能力不强、领域不宽、质量不高、引导支持力度不够等问题,强调要把农业生产托管作为推进农业社会化服务、发展服务带动型规模经营的重要方式,探索开展社会化服务的有效方法路径,推动服务范围从粮棉油糖等大宗农作物向果菜茶等经济作物拓展,从种植业向养殖业等领域推进,从产中向产前、产后等环节及金融保险等配套服务延伸,不断提升社会化服务对农业全产业链及农林牧渔各产业的覆盖率和支撑作用。为落实该文件要求,进一步探索农业社会化服务引领支撑农业现代化发展的有效路径和方法,2021年8月,农业农村部决定在全国开展农业社会化服务创新试点工作,重点围绕农业社会化服务创新试点县和试点组织两个层面开展试点。2021年11月,经各省份申报推荐,经认真研究,农业农村部批复确定北京市平谷区等100个县(市、区)、中化现代农业有限公司等100个服务组织为全国农业社会化服务创新试点单位(表2-1、表2-2)。开展农业社会化服务创新试点,是探索农业社会化服务引领支撑农业现代化发展路径的有效载体,着力打造一批创新基地,培育一批创新组织,形成一批创新模式,树立发展农业社会化服务的行业标杆和县域样板,以点带面、示范引导农业社会化服务加快推进。试点期限为3年,自2021年11月起至2024年10月止。

---

① 引自《以专业化社会化服务引领农业现代化发展》,农业农村部总畜牧师、农村合作经济指导司司长张天佐就《关于加快发展农业社会化服务的指导意见》答记者问,农业农村部公报,2021年第8期。

第二章 我国农业生产托管的发展历程和经营现状

表 2-1 全国农业社会化服务创新试点县名单

省份（含计划单列市）	试点单位
北京	平谷区、通州区
河北	玉田县、临西县、定州市、邱县
山西	长治市屯留区、曲沃县、稷山县
内蒙古	武川县、巴彦淖尔市临河区
辽宁	阜新蒙古族自治县、铁岭县、喀喇沁左翼蒙古族自治县
吉林	德惠市、梨树县、敦化市、乾安县
黑龙江	依安县、富锦市、兰西县、延寿县、密山市
江苏	响水县、东海县、海安市、南通市海门区、南京市六合区
浙江	杭州市临安区、嘉兴市南湖区、台州市路桥区、湖州市南浔区、龙游县
安徽	凤台县、萧县、霍邱县、蒙城县
福建	建宁县、南平市建阳区
江西	高安市、余干县、吉安市青原区
山东	威海市文登区、汶上县、高唐县、邹平市、济南市济阳区
河南	唐河县、孟州市、虞城县、长葛市
湖北	钟祥市、安陆市、公安县、松滋市、枝江市
湖南	益阳市赫山区、耒阳市、安仁县、岳阳县
广东	化州市、阳山县、蕉岭县
广西	宾阳县、贺州市八步区、兴安县
海南	海口市琼山区
重庆	梁平区、永川区、忠县、垫江县
四川	雅安市名山区、西充县、岳池县、蒲江县
贵州	岑巩县、福泉市、息烽县
云南	耿马傣族佤族自治县
西藏	曲水县
陕西	合阳县、宝鸡市陈仓区、靖边县
甘肃	景泰县、张掖市甘州区、永昌县、庄浪县
青海	湟源县、贵德县、门源回族自治县、都兰县
宁夏	灵武市、固原市原州区、中卫市沙坡头区
新疆	阿克苏市、吉木萨尔县、尉犁县
大连	普兰店区
青岛	莱西市
宁波	余姚市

资料来源：《农业农村部办公厅关于全国农业社会化服务创新试点单位的批复》（农办经〔2021〕15号）。

表2-2 全国农业社会化服务创新试点单位名单

省份（含计划单列市）	试点单位
北京	中化现代农业有限公司 （含天津、河北、内蒙古、辽宁、吉林、四川、陕西分公司） 北京鑫城缘果品专业合作社 北京凤河联盈农业专业合作社联合社
河北	河北新合作裕丰农业发展有限公司 滦县百信花生种植专业合作社 柏乡县金谷源优质小麦专业合作社 石家庄市栾城区天亮种植专业合作社
山西	山西恒兴农业科技发展有限公司 朔州市平鲁区为民农机专业合作社 山西新翔丰农业科技有限公司 新绛县珍粮粮食种植专业合作社 寿阳县嘉禾农业科技有限公司
内蒙古	巴彦淖尔市达丰农机农民专业合作社 林西县荣盛达种植农民专业合作社 鄂托克旗牧康农牧业有限责任公司
辽宁	北票市丰田农机专业合作社 昌图县阳宇农机服务专业合作社 辽宁万盈农业科技有限公司
吉林	吉林中农吉星现代农业技术服务有限公司 吉林省乾溢农业发展专业合作社联合社 东丰县博瑞农机种植专业合作社 四平市铁西区永信农民专业合作社 松原市宁江区永呈种植农机专业合作社
黑龙江	北大荒农业服务集团有限公司 黑龙江农时农业科技发展有限公司 龙江县超越现代玉米种植农民专业合作社 黑龙江省联享农业集团有限公司 庆安东禾金谷粮食储备有限公司
江苏	江苏佳盛源农业发展有限公司 南京善思现代农业有限公司 江苏苏合农业社会化服务有限公司 苏州大域无疆航空科技有限公司
浙江	杭州余杭益民农业生产服务专业合作社 丽水市农业投资发展有限公司 德清县先锋农机专业合作社 海宁市杭嘉禾粮油专业合作社联合社 金华绿罗森农业科技有限公司
安徽	黟县有农生态农业有限公司 安徽金色家园农业社会化服务有限公司 安徽省农业服务股份有限公司 谯城区焦魁农机专业合作社 天长市大地农业专业合作社联合社
福建	长汀县清荣农机专业合作社 福建司雷植保技术有限公司 建瓯市长隆智慧农业发展有限公司

第二章 我国农业生产托管的发展历程和经营现状

(续表)

省份(含计划单列市)	试点单位
江西	江西省昌久世纪农业科技服务有限公司 江西省绿能农业发展有限公司 新余天晟农业开发有限公司
山东	山东鲁供丰农农业服务有限公司 山东粮业社会化服务集团有限公司 山东丰信农业服务连锁有限公司 山东齐力新农业服务有限公司 山东润德农业集团有限公司 金丰公社农业服务有限公司
河南	河南首邑农业发展有限公司 荥阳市新田地种植专业合作社 项城市红旗农资专业合作社 河南农吉农业服务有限公司 安阳全丰航空植保科技股份有限公司
湖北	天门市大黄蜂植保服务专业合作社 随州市众联粮食生产专业合作社联合社 襄阳市襄州区汇吉兴农机专业合作社
湖南	湖南锦绣千村农业专业合作社 湖南隆平好粮网络科技有限公司 永州市聚丰生态农业开发有限公司 韶山市银旺农机专业合作社联合社
广东	江门天禾农业服务有限公司 广东品生生态农业专业合作社联合社 茂名市翔龙农业科技有限公司 智慧三农(阳春市)农业专业合作社联合社 廉江市田头汇农业科技有限公司
广西	广西悦牧生物科技有限公司 贺州市正地发展有限公司
海南	五田家控股有限公司
重庆	重庆捷梁农机股份合作社 重庆市璧山区佰佑农机专业合作社联合社
四川	四川省卫农现代农业科技有限公司 广汉市惠民农机作业专业合作社
贵州	遵义市红花岗区海龙镇贡米村股份合作经济联合社 黎平县中潮镇万亩良田农机专业合作社 贵州阿绿农业科技开发有限公司
云南	双江允俸水稻种植农民专业合作社
西藏	江孜县年楚永发农机农民专业合作社
陕西	渭南临渭区绿盛现代农机专业合作社 陕西汇丰源农业科技发展有限公司 宝鸡市陈仓区利民秸秆机械化加工利用专业合作社
甘肃	甘肃谷丰源农工场农业社会化服务有限公司 会宁县文兵农机专业合作社 酒泉富民裕国农业技术推广服务专业合作社 定西安泰农机服务农民专业合作社

(续表)

省份（含计划单列市）	试点单位
青海	大通县新华农机科技示范专业合作社 西宁市湟中区金薯源马铃薯营销专业合作社
宁夏	石嘴山市明龙农机作业有限公司 宁夏嘉益禾农业科技发展有限公司 中宁县枸杞产业服务中心（有限公司）
新疆	伊宁县禾稼旺农民专业合作社 布尔津县窝依莫克乡晨晞农业发展专业合作社 沙雅县德民种植农民专业合作社
青岛	青岛金蒂姆农业服务有限公司
深圳	深圳市五谷网络科技有限公司

资料来源：《农业农村部办公厅关于全国农业社会化服务创新试点单位的批复》（农办经〔2021〕15号）。

针对农业社会化服务供需对接不畅等问题，探索通过农服平台实现社会化服务供需双方信息线上对接、线下服务的有效运行模式，农业农村部2019年底组织开发了中国农业社会化服务平台。按照《关于组织开展中国农业社会化服务平台试点工作的通知》要求，2020年选择山西、安徽、山东三省开展整省试点，其他省（区、市）选择农业生产社会化服务项目任务实施县开展整县试点。同时，鼓励其他有积极性有条件的省、市、县先行先试。试点内容主要包括3个方面：一是组织农服平台试用，引导本地区各类农业社会化服务组织注册农服平台，并发布服务信息；组织动员本地区小农户和规模经营主体注册农服平台，并发布服务需求信息；二是组织开展项目管理，在农服平台在线填报农业生产托管项目实施的服务区域、服务主体、服务面积、补助环节、补助金额等具体情况；三是建立服务组织名录库，农业生产托管服务项目试点县加强服务组织名录管理，建立服务组织服务质量红黑榜。2021年12月，国家农业信息化工程技术研究中心发布了中国农业社会化服务平台2021年度百强优秀推广县名单。截至2021年12月10日，中国农业社会化服务平台试点县数据排名情况见表2-3，各省（区、市）服务主体数量差异较大，其中安徽省注册农服平台的服务主体13 524家，排名全国第一。

表 2-3　全国服务主体省份排行榜

排名	省份	服务主体（个）
1	安徽	13 524
2	黑龙江	9 851
3	河南	8 901
4	江西	6 803
5	湖北	5 247
6	四川	4 321
7	陕西	3 283
8	河北	3 237
9	重庆	3 021
10	新疆	2 414
11	山东	2 322
12	内蒙古	2 006
13	吉林	1 746
14	山西	1 526
15	贵州	1 301
16	甘肃	1 258
17	江苏	1 229
18	辽宁	1 057
19	湖南	963
20	宁夏	575
21	福建	540
22	青海	477
23	云南	387
24	浙江	264
25	天津	197
26	广西	163
27	广东	157
28	北京	65
29	海南	35
30	西藏	7
31	上海	4
	合计	76 881

资料来源：中国农业社会化服务平台（截至 2021 年 12 月 10 日）http://www.zgnf.net。

2.3.2　地方实践具体模式

近年来，各地深入贯彻党中央、国务院关于发展农业社会化服务的决策部署，农业社会化服务加快发展，涌现出各具特色、形式多样的服务模式。

为总结推广各类服务主体在发展农业社会化服务中的典型经验，进一步发挥典型模式的引领示范作用，农业农村部自2019年起在面向全国征集和各省份推荐的基础上，按照可学可用、可复制可推广的标准，每年择优遴选推介一批农业社会化服务典型案例，2019年首批遴选20个（1~20），2020年第二批24个（21~44），2021年30个（45~74），具体名单见表2-4。

表2-4 全国农业社会化服务典型案例名单

序号	服务模式	服务主体	备注
1	打造全产业链服务平台 开创"智慧养猪"新模式	北京农信互联科技集团有限公司	
2	健全托管服务体系 破解种地增收难题	山西新翔丰农业科技有限公司	
3	打造现代农业综合服务体	吉林德惠市惠泽农业生产专业合作社	
4	全程托管综合服务 聚力农业转型发展	黑龙江宝清美来现代农业服务有限公司	
5	扎实服务小农户 实现生产"全托管"	黑龙江龙江县超越现代玉米种植农民专业合作社	
6	区域性服务联盟助力农业生产提质增效	江苏泰州市姜堰区家庭农场服务联盟	
7	"三位一体"合作 探索服务新模式	浙江乐清市金穗水稻专业合作社联合社	
8	引领山区小农户迈向现代大农业	安徽黟县有农优质粮油生产联合体	
9	生态防控 全程托管 种出舌尖上的放心茶	福建司雷植保技术有限公司	
10	农业生产多种服务经营方式并举的"江西绿能模式"	江西绿能农业发展有限公司	
11	"一站式"服务平台助力小农户科学种植	山东丰信农业服务连锁有限公司	第一批
12	推行"整村托管"实现"三方共赢"	山东高密市宏基农业发展有限公司	
13	聚集全产业链资源 提供全流程生产服务	山东临沂金丰公社农业服务有限公司	
14	航空植保新模式"五事"服务惠万家	河南安阳全丰航空植保科技股份有限公司	
15	聚焦"合"字强实力 突出"全"字拓服务	湖北钟祥市春源农作物种植农民专业合作社联合社	
16	生产品质原粮 助力农户成长	湖南隆平高科现代农业科技服务有限公司	
17	全程保姆式托管让农民当"甩手掌柜"	重庆梁平区新农人农产品股份合作社	
18	以"抱团式服务"打造藤椒产业发展联合体	四川绵阳市川椒王子农业开发有限公司	
19	果园托管拓出产业扶贫新途径	陕西白水县美华果业有限责任公司	
20	"农工场"托管服务推动农业绿色发展	甘肃谷丰源农化科技有限公司	

（续表）

序号	服务模式	服务主体	备注
21	开创四级运营网络 提供现代高效服务	辽宁省沈阳市万盈农业科技有限公司	
22	村企共建 扎实推进整村托管	安徽省宿州市金色家园农业社会化服务有限公司	
23	完善利益联结机制 打造"四位一体"模式	河北省邢台市宁晋县垄上行现代农业服务公司	
24	数字农业助力生产托管提档升级	陕西省渭南市福康大田农业服务有限公司	
25	汇集农业产业链优质资源 构建现代农业服务"生态圈"	陕西省西安市中化现代农业（陕西）有限公司	
26	标准化生产服务实现设施农业多重效益	山东省淄博市思远农业开发有限公司	
27	创新模式推动资源整合 生产托管实现多方共赢	山西省临汾市吉县壶口有机农业有限公司	
28	"飞防+植保"服务让农业省心更安心	浙江省农飞客农业科技有限公司	
29	专注果园生产托管 打造优质高效农业	重庆市多品农业发展有限公司	
30	依托"防控管家"智能平台 强化动物防疫社会化服务能力	贵州省贵阳市牧林农业科技发展有限公司	
31	发挥村集体"统"的作用 推动全产业链托管服务	安徽省六安市黄墩村集体经济组织	
32	发挥集体组织优势 整乡推进生产托管	陕西省榆林市榆阳区补浪河乡集体经济组织	
33	盘活闲置资源 打造综合农事服务体	贵州省六盘水市落别布依族彝族乡纳驾村集体	第二批
34	"零一二三"模式开辟农业社会化服务新路径	黑龙江省哈尔滨市巴彦县刘辉巨农种植专业合作社	
35	多模式开展农业托管服务 全方位提升生产经营效益	河南省周口市商水县天华种植专业合作社	
36	基层党组织引领 构建"三位一体"社会化服务新模式	内蒙古自治区赤峰市经棚镇农业发展合作联合会	
37	保障农户权益 实现合作共赢	河北省滦州市百信花生种植专业合作社	
38	大力发展生产托管 推动农业服务规模经营	陕西省西安市长丰农机专业合作社	
39	千方百计推动托管服务 成效"看得见、摸得着"	福建省宁化县富民农机专业合作社	
40	供销社助力小农户有机衔接大农业	河北省石家庄市栾城区天亮种植专业合作社	
41	全程托管"435"为农增收添动力	四川省绵阳市游仙区太平全程托管中心	
42	整合要素 创新机制 合力提升托管效益	山西省长治市屯留区农经中心	
43	发挥组织能力 探索农业生产服务新路径	黑龙江省绥化市庆安县农业农村局	
44	强化保障 聚焦重点 推动稻米产业转型升级	江西省吉安市吉水县农业农村局	

（续表）

序号	服务模式	服务主体	备注
45	创新全程托管模式　带动村民共同致富	吉林省榆树市大川机械种植专业合作社	
46	探索农业生产托管新模式　引领山区小农户迈向现代大农业	安徽省黟县有农优质粮油生产联合体	
47	以技术托管为依托　带动农户开展芒果标准化生产	海南省雷丰芒果农民专业合作社	
48	"村社合作"开展菜单式服务　引领丘区农户发展现代农业	四川省井研县老农民水稻种植专业合作社	
49	菜单式+包干式托管　化解山区种粮难题	贵州省黎平县农业农村局	
50	创新生产托管模式　发挥村集体"统"的功能	安徽省凤台县人民政府	
51	村集体托管服务小农户　规模种粮有了"村保姆"	山东省荣成市农业农村局	
52	优势互补　精准服务　整村菜单托管助力小农户发展	四川省成都市蒲江县人民政府	
53	发挥组织优势　推进整村托管　探索农业社会化服务新路径	甘肃省景泰县上沙沃镇大桥村	
54	三方联动　构建山坡地杂粮全产业链服务体系	内蒙古自治区林西县荣盛达种植农民专业合作社	
55	全链条服务全要素导入　打造现代农业生产服务商	黑龙江省讷谟尔农业发展有限公司	
56	发挥三大优势　创新服务机制　争当农业社会化服务排头兵	河南省农吉农业服务有限公司	第三批
57	打造全产业链闭环综合服务解决方案	重庆市至峰农业科技有限公司	
58	菜单托管全链条服务　激发家庭经营新活力	重庆市捷梁农机股份合作社	
59	搭建智慧服务平台　发展农业循环经济	山西省永和县人民政府	
60	组建联盟促托管　健全体系强服务	山西省长治市屯留区人民政府	
61	"七以"+"四位一体"托管　搭建黑土地社会化服务平台	吉林省乾溢农业发展专业合作社联合社	
62	构建"543"联动机制　打造农业生产托管新模式	山东省济南市济阳区农业农村局	
63	打造现代农业技术服务平台　构建全产业链服务体系	中化公司湖北省宜昌市分公司	
64	创建服务协办体系　探索集中连片规模化托管新模式	广东省化州市人民政府	
65	以项目规范化管理为切入点　加快推进农业生产托管	河北省邯郸市邱县农业农村局	
66	精准牵线搭桥　助推项目落地	福建省泉州市永春县人民政府	
67	强主体　抓项目　提质量　扎实开展农业生产托管服务	陕西省渭南市合阳县人民政府	

第二章 我国农业生产托管的发展历程和经营现状

（续表）

序号	服务模式	服务主体	备注
68	数字化助推托管项目精准高效规范实施	宁夏回族自治区中卫市沙坡头区农业农村局	
69	提质增效搞托管 融合发展促共赢	河北省赵县光辉农机服务专业合作社	
70	创新农业服务模式 助力农业生产现代化	江西省昌久世纪病虫害飞机防控有限公司	
71	发展农业生产托管 助推山地果业振兴	山东省沂源县西里镇人民政府	第三批
72	专注高原药材生产托管 构建现代农业生产体系	甘肃省正宁县遍地金中药材种植农民专业合作社	
73	聚焦农险 创新驱动 助力农业生产托管高质量发展	中国太平洋财产保险股份有限公司山西分公司	
74	融入金融力量 打造生产托管"龙江新模式"	中国建设银行黑龙江省分行	

资料来源：根据农业农村部 2019—2021 年在全国农业生产托管工作推进会上发布的三批全国农业社会化服务典型案例信息整理。

农业农村部推荐的全国农业社会化服务典型案例各具特色、各有所长，是各地在实践中探索的好经验、好做法。从已公布的 74 个典型案例来看，我国农业社会化服务呈现出了以下特点：一是注重农业生产性服务业发展，以农业生产托管作为推进农业社会化服务的主要抓手；二是服务主体呈现多元化，农业服务企业规模化、集约化、专业化程度高；农村集体经济组织组织优势明显，"居间服务"作用突出；农民合作社有效组织农户接受托管服务，与农户建立紧密的利益联结机制；供销合作社依托健全的经营网络，对新型农业经营主体和小农户的带动能力较强；地方政府或农业农村部门和金融保险机构积极参与农业生产托管服务；三是服务领域不断拓展，农业生产托管从最初的聚焦粮食作物，到既突出了粮棉油糖等大宗农作物，又兼顾果菜茶、中药材和其他经济作物；从种植业逐渐向养殖业等领域推进；四是服务环节不断延展，既聚焦农业生产的关键薄弱环节，又在贯通全产业链服务上有创新、有突破，服务链从产中向产前、产后等全产业链环节及金融保险等配套服务延伸。

各试点省份将农业生产托管项目作为工作抓手，根据不同地区不同产业的生产需求和农户意愿，边试点、边总结、边推广，新机制、新业态、新模式加速涌现。结合具体案例，典型的农业生产托管服务模式可以归纳为以下 6 种类型。

(1) 供销社牵头的农业生产托管模式

以供销社牵头推动的农业生产托管模式在山东省率先展开，逐步推广到全国。山东省供销社在深化供销社综合改革过程中逐渐探索出了以合作社为基础的服务规模化经营模式，典型的区域有汶上、郓城、高密供销社等。主要做法是：构建为农服务体系，形成县、镇、村三级为农服务平台（孔祥智，2018）。第一，在村级层面，以"村社共建"为手段，供销社基层社与农村基层党组织、村民委员会紧密合作，培养干部队伍，共同发展农民专业合作社、农村综合服务社，联合开展各类农业生产项目，从最基层实现"姓农"。第二，在乡镇层面，由实力雄厚的合作社牵头，联合镇域内其他合作社、农业龙头企业、专业大户、家庭农场等新型经营主体，成立乡镇级农民专业合作社联合社。第三，在县级层面，由县供销社牵头，以各乡镇联合社为主体，联合县域内各类农业服务主体共同组建县级农民专业合作社联合社，在县域范围内形成上下贯通的合作社组织体系和为农服务体系，有效地整合了各类服务资源，实现全产业链社会化服务。

供销社以为农服务中心建设为载体，打造"3公里土地托管服务圈"。在建设主体上，为农服务中心的建设由山东省各级财政扶持30%~50%，并且规定了镇级农民合作社联合社中农民合作社的出资比例不低于80%，这样就保证了农民社员在为农服务中心的利益联结（孔祥智，2018）。例如，高密市供销社属企业与其他企业联合成立的高密市宏基农业发展有限公司在咸家工业区建设为农服务中心，通过村"两委"开展村庄整建制托管，并逐步推行"土地股份合作社+生产全托管"经营模式，实现"农民组织化+服务规模化"，达到了农民、村集体和服务主体"三方共赢"。

(2) 农资企业转型驱动的农业生产托管模式

农资零售商与农民的物理距离最近，最了解农民需求，发挥着农业服务"最后一公里"的功能。为应对外部环境改变，农资零售商出于商业需要进行转型发展，突破自身产业链上游的定位，从单纯的农资销售变为提供农资、农机、销售服务等农业综合性服务，如为解决农资赊销问题，农资零售商成立合作社，和农户签订农业生产托管服务合同，把农资供应、农机服务、产品销售等关键环节全部纳入自己的经营范围，不仅解决农资赊销问题，形成稳定的农资需求，合作社额外获得了服务收益，农户分享了产品增值收益，实现了农户与合作社的共赢。如为规避土地流转经营租金上涨或自然风险，转为发展土地托管，实现农资服务规模经营。农资零售商转型的本质是对农业产业链进行纵向整合，最终驱动了农业生产托管模式的实现（胡凌啸等，2019）。

大型农资企业在农业现代化进程中同样面临着转型升级，也积极发展农业生产托管业务。化肥生产龙头企业——金正大集团，2017年发起并控股，联合世界银行集团国际金融公司、华夏银行等成立全国首家开放的现代农业综合服务平台"金丰公社"，为农民提供土地托管、土壤修复、全程作物营养解决、农技培训指导、产品销售、农业金融等一揽子全程服务。截至2019年9月①，金丰公社已在全国22个省份成立县级金丰公社为农服务平台366家，发展社员（农户）504万余人，服务土地面积累计超过2 522万亩，开拓了农化企业发展全产业链社会化服务的范例。中国中化集团有限公司着力打造的"MAP"模式，在全国25个省（区、市）建成128个技术服务中心、292个示范农场，为321万亩耕地提供全程服务，成为农业社会化服务的重要平台。

（3）村集体经济组织领办的农业生产托管模式

2017年，安徽省六安市黄墩村集体经济组织以水库、水渠及荒置的林地、茶园等"沉睡"经营性资产和财政资金入股，联合3家公司、1个合作社共同成立黄墩村股份经济合作社，盘活闲置资产。黄墩村集体经济组织充分发挥"统"的作用，代表农民统一与服务组织签订合同，以水稻专业化生产为纽带，为全村农田集中开展产销一体化的全产业链托管服务，对服务组织实行"四化"管理（标准化作业、规范化服务、统一化管理和科学化生产），加强服务质量监管，充分发挥村集体经济组织"统"的作用，在农户与服务主体间架起一座沟通协调、利益联结的桥梁。探索形成"统一服务、分户经营"的统分结合的经营方式，壮大了服务组织，拓宽了村集体收入来源，开辟了农民致富新途径，实现"服务主体+村集体+服务对象"

---

① 引自2019年9月10日农业农村部副部长韩俊在全国农业社会化服务工作现场推进会上的讲话。

(4) 单一作物的全程托管模式

黑龙江龙江县超越合作社[①]成立于 2013 年 2 月，致力于推广玉米专业化种植，围绕玉米种植全产业链，提供"耕种管收售"全程托管服务，突出整链负责、一体化服务，发展"粮食银行"项目，解决农民卖粮难的问题。对托管的土地实行网格化组团式管理，打造托管示范田，建立镇－村－生产单元三级细分服务队伍，每一个乡镇聘请一名服务经理，每一个行政村聘请一名技术员，将托管土地按照每 1 200～1 500 亩为 1 个生产单元，安排一名经过专门技术服务培训的农机手，对接农户需求，提供全程社会化服务。搭建"金融+保险+期货"服务平台，探索农业生产全程托管参保机制，充分保证农民收益，增强抵御市场风险能力。陕西白水县美华果业有限责任公司自 2016 年起，以苹果果园托管服务为核心，探索集技术服务、生产种植、果品包装、冷藏物流、加工营销于一体的全产业链服务体系。四川绵阳市川椒王子农业开发有限公司通过牵头成立农业产业化联合体，形成区域抱团式服务，围绕藤椒全产业链，搭建"生产、加工、营销"一体化平台，完善"融资+技术+收益"全方位服务。重庆市奉节县多品农业发展有限公司与中国农业大学、湖北新洋丰农业科技股份有限公司等高校和企业结成战略合作关系，通过"全程托管+农业综合服务"打造脐橙全产业链的农业生产服务。

(5) 关键环节的农业生产托管模式

浙江省农飞客农业科技有限公司 2015 年成立以来，在全国 10 多个省份建立了标准化的服务中心，聚焦水稻、小麦等大田作物，花生、高粱、茶叶等经济作物开展全程植保解决方案，聚焦湖南、湖北、江苏、浙江等重点市场，深耕县级服务站，打造"农飞客线上服务平台"，在线为各地飞手及大户提供从产品套餐、植保技术指导、飞手技能培训、物流及仓储配送等一站式服务。福建司雷植保技术有限公司通过推广自主研发的纯物理智能虫害防治系统，成功探索出了茶园植保生态防控全程托管模式。

[①] 引自《扎实服务小农户　实现生产"全托管"：记黑龙江龙江县超越现代玉米种植农民专业合作社》，中国农民合作社，2019 年第 11 期。

(6) 联合体经营的农业生产托管模式

安徽黟县 2016 年联合 31 家经营主体组建了黟县有农优质粮油生产联合体。联合体以优质粮食生产为核心，涵盖生产、加工、销售、保险、金融等服务；全程追溯、质量检测、物联网等科技服务；从育秧到烘干仓储的全程机械化服务。服务内容涵盖了产前农资供应、产中耕种管收集、产后销售运输等环节。联合体打造了整村流转土地建设示范基地的"屏山模式"；全程托管的"碧山模式"；土地入股的"田川模式"，创新联合体服务机制。浙江乐清市金穗水稻专业合作社联合社由 23 个农民合作社以股份合作形式组建，以水稻专业化生产为纽带，整合服务资源，探索形成了专业化生产合作、农资农产品购销合作、资金信用服务合作"三位一体"服务新模式，带领"低小散"农民专业合作社提升对接市场能力。江苏泰州市姜堰区引导村集体牵头组建镇域性的家庭农场服务联盟，实现了全区农业乡镇全覆盖，构建了区域性服务联盟。

2.3.3 主要地区的做法

(1) 山西省农业生产托管

山西省 20% 的土地为川地、台地，80% 为丘陵山区，80% 以上的耕地由小农户家庭经营，山西省户均耕地 8.6 亩，土地流转率不到全国平均水平的二分之一，土地碎片化和小农户家庭经营长期存在是农业发展的基本农情（敖军和薛秀清，2021）。山西立足省情农情，深化农业供给侧结构性改革，抓住农业生产托管这个"牛鼻子"，自 2017 年中央财政支持山西省开展农业生产托管试点工作以来，把发展农业生产托管作为推进农业生产性服务业、农业社会化服务、服务规模型适度规模经营的主推服务方式，农业生产托管从自发探索阶段进入政策引导的快速发展阶段。截至 2021 年，试点县已由 2017 年的 10 个发展到 101 个，托管服务财政补助面积由 45 万亩扩大到 350 万亩，2021 年共有各类服务主体 3.2 万个，服务带动规模经营面积 2 300 万亩，稳定服务小农户 110 万户以上[①]。山西省把发展农业生产托管

[①] 根据山西省农业农村厅办公厅 2017—2021 年历年发布的关于做好农业生产托管试点项目的有关文件整理。

作为实现小农户和现代农业有机衔接的融合器,全面推进"五链五型相融合"(五链:打造供应链、延伸产业链、丰富服务链、提升价值链、共享利益链;五型:多环节、全链条、区域化、宽领域、社区型)的农业生产托管服务模式(敖军和薛秀清,2021),让社会化服务力量成为农业生产的主角和决定性力量,打造全国农业生产托管服务的"示范区""排头兵""新高地"。

主要做法和经验总结如下。

第一,聚焦重点农产品生产,培育壮大服务主体。从试点初期聚焦小麦、玉米、马铃薯、杂粮等粮食作物生产托管,扩展到玉米、小麦、杂粮、谷子、油料、马铃薯、果树、蔬菜、食用菌、中药材(药茶)、猪、鸡、牛、羊、渔业、牧草、功能食品等20个现代产业,托管农产品种类覆盖面日益广泛。近年来,山西省各类农业社会化服务主体蓬勃发展,农村集体经济组织、农民合作社、专业服务公司、供销社等不同服务主体发挥优势和功能,更好地服务"特""优"农业转型。服务环节从初期的机耕机收等关键薄弱环节逐渐覆盖到农业全产业链,并形成以全程托管为主的服务模式,整市、整县、整乡、整村推进农业生产托管,有效促进了农业服务连片规模经营,加快了农业规模化、标准化发展。据测算,试点区域全程托管取得了粮食亩均增产20%以上、亩均节本增效350元以上、服务主体年收入增加20%以上、农村集体经济发展壮大、绿色技术普遍推广等多赢效果(敖军和薛秀清,2021)。

第二,大胆探索创新,拓展服务内容。为解决服务主体资金短缺难题,山西省农业农村厅支持中国建设银行山西省分行开展农业生产托管平台金融创新服务试点,支持建行开发"服务主体托管贷""农户托管贷"。2021年选择农业生产托管发展较充分、工作积极性高、基础条件扎实的屯留区、浑源县、怀仁市、原平市、汾阳市、孝义市、寿阳县、曲沃县、新绛县、高平市10个县(市、区)率先开展试点,通过平台建设,为广大农业生产托管服务主体提供产前生产资料采购、产中耕种防收、产后卖粮储粮、贷款资金保障和保险风险保障等流程化、规范化线上服务,高效整合土地、补贴、信贷、保险等要素,实现农业和金融大数据互联互通互用,为各类主体精准授信。为推进技物结合、技服结合,利用农业遥感监测技术,实行"互联网+"托管App、数字农场立体覆盖的全域托管新模式。鼓励服务主体延伸产业链条,鼓励从粮食作物向果菜等经济作物拓展,从种植业向养殖业等领域推进,鼓励探索从农业生产性服务业向农村生活性服务业延伸。2021年农业农村部启动在全国开展农业社会化服务创新试点工作,山西省长治市屯留区、曲沃县、稷山县等3区县入选全国农业社会化服务创新试点县,山西恒兴农业科技发展有限公司、朔州市平鲁区为民农机专业合作社、山西新翔丰农业科技有限公司、新绛县珍粮粮食种植专业合作社、寿阳县嘉禾农业科技有限公司等5家单位入选全国农业社会化服务创新试点组织。在试点县和试点组织的带领下,山西将以点带面,着力打造一批创新基地,培育一批创新组织,形成一批创新模式,示范引导全省农业社会化服务加快推进,树立发展农业社会化服务的行业标杆和县域样板。根据山西省农业农村厅2021年12月发布的《关于加快发展农业社会化服务的指导意见》指出,山西省将深化中国农业社会化服务平台整省试点,推动农服平台与银行、保险、担保等机构数据对接,用信息化手段实现更大范围内服务供给与需求线上对接,不断提升综合服务的集约化水平。

第三,完善利益联结机制,打造利益共同体。自2017年农业生产托管项目试点以来,山西省在实践中探索出了多种发展模式,从政策创设、主体培育、项目实施和行业管理等方面开展创新试点,利用"保底""入股""保底+分红""服务+订单"等利益联结方式,形成利益共享、风险共担的利益共同体。省农业农村厅和市、县、乡、村、服务组织六级联动,发挥各类服务主体优势,推动农资企业、农业科技公司、互联网平台等各类涉农组织向农业生产性服务业延伸,采取"农资+服务""科技+服务""互联网+服务"等方式,推进技物结合、技服结合。同时,充分发挥村集体经济组织密切联系群众、服务集体成员的功能作用,发挥居间优势,促进其联结农业生产托管主体带领农户发展现代农业,实现了农户、服务组织、政府多赢的效果。

第四,积极探索多种服务模式,打造典型引领示范。山西省在农业生产托管项目实践中,形成了一批丰富的典型经验和典型案例。长治市屯留区创新推出"六核心服务"(机播、机收、秸秆还田、深松深耕、旋地、烘干)和"三环节套餐"(即在平原乡镇推行包含以耕种防收、机械化烘干、储藏、销售为主的全套作业环节;在丘陵、山区乡镇推行包含秸秆还田、深松深耕、旋耕等部分核心作业环节;推行以玉米机械化烘干、工厂化育苗等服务环节的关键环节综合托管)的托管服务菜单;创新保险兜底支持,"成本商业保险"为农业生产托管玉米高产示范田险种,"完全成本保险"为农业生产托管高粱种植保险,有效防范化解经营风险。除屯留模式外,山西还探索形成了"菜单式指引、合同式托管、保姆式服务、管家式经营、网格式管理"的"五位一体"田管家洪洞模式、吉县苹果产业探索形成的"五方联手建体系、目标管理下订单、六统六降优服务、全程参与强监督"的"家政服务模式",村党支部领办合作社,形成"党支部+科研院所+供销合作社+金穗合作社+农户"五位一体融合发展模式;横向建立全产业链联盟和纵向建立省、县、乡、村四级服务社的全域立体式农业社会化服务的"平遥模式";以农业生产托管为工具,整合智慧监管平台建设、秸秆资源化利用、农田宜机化改造等"农业生产托管+"的"永和模式"。这些做法因地制宜,服务精准,成效显著,屯留模式、洪洞模式、永和模式、吉县苹果"家政服务模式"已入选全国第一批、第二批、第三批农业社会化服务典型案例,为全国起到了很好的表率示范作用。

第五,加强制度建设,引导服务规范发展。山西省在全国率先制定出台一系列制度文件,引导推动农业生产托管服务健康发展。2018年山西省农业厅、山西省财政厅联合印发《山西省农业生产托管项目绩效评价工作方案(试行)》(晋农财发〔2018〕25号),对托管项目目标、项目任务、项目补助、项目实施流程及绩效评价的有关内容进行了详细安排,并就编制项目实施方案对项目县进行了具体指导。在全国率先出台一系列地方标准:《农业生产托管项目绩效评价办法》《农业生产托管服务规范》《农业生产性服务指南》,明确项目管理负面清单,强化服务合同监管,推广使用示范文本,加强服务价格监测,规范服务行为,指导各地实施好农业生产托管试点项目。2021年《山西省农业生产托管服务条例》作为全国首部相关地方性法规发布,该条例为山西省全面推进乡村振兴、加快农业农村现代化提供有力法律支撑和保障，为全国农业生产托管立法探索提供山西路径。在规范管理的同时，认真做好宣传培训工作，营造加快发展农业社会化服务良好氛围；健全统计调查、监测分析制度，为科学决策提供支撑。

（2）山东省农业生产托管

山东省是较早探索发展农业生产托管的省份，最初发源于山东省供销系统，"农业生产托管服务"常被俗称为"土地托管服务""土地保姆"。2012年山东省汶上县为解决当地村庄空心化、农业兼业化、劳动力老龄化等问题，县供销社联合农业服务公司、村委会共同为农业经营主体提供"菜单式"半托管服务和"保姆式"全托管一条龙服务，是山东省最早开展土地托管的地方。2014年山东省响应国家政策号召，山东省供销社大力开展综合改革试点，围绕破解"谁来种地、地怎么种"的问题，在全国首创土地托管服务。2020年全省供销合作社系统开展土地托管服务2 900万亩，实施农业社会化服务5 880万亩次，成为打造乡村振兴齐鲁样板的重要模式之一，该模式在全国推广。截至2019年底，山东省农业生产托管服务面积已达到1.46亿亩次，其中粮食服务面积1.07亿亩次，农业生产托管服务组织总数达4.8万个，山东省农业生产托管工作走在全国前列（王逸群，2021）。目前，山东省农业生产托管已经呈现多元化模式、全产业覆盖的发展格局，形成了依托优质农资供应拓展全链条服务业务、依托农机作业服务发展全程式托管模式、依托核心科技优势整合全区域服务资源、依托规模生产优势兼营便捷化托管服务等多种发展路径（张瑞娟等，2021）。

主要做法和经验总结如下。

第一，搭建服务平台，明确运营主体。为农服务中心，是山东省供销社为土地托管而搭建的综合性服务平台，通过组建农业服务公司作为为农服务中心的运营主体。山东省供销社于2013年提出并在济宁汶上金水桥建成了山东省第一家农业综合服务平台。截至2021年7月，省供销社已与25个县（市、区）签署战略合作协议，成立农业服务公司21家。为农服务中心以县（市、区）供销合作社为投资运营主体，以供销合作社农资公司、相关农业服务公司、基层社为依托，联合乡镇农民合作社联合社，引导农民自愿出资入股参与建设运营，并完成相应注册登记的公司制经济组织，为农业生产经营提供 6 项服务（智能配肥、农机服务、农资直供、烘干仓储、统防统治、农民培训）。组建农业服务公司作为法人单位，可以吸引合作社、涉农企业等各类社会服务主体参与到为农服务中心的建设中来，弥补供销社在专业性服务方面的不足；通过公司运营方式，建立明晰的组织机构和规章制度，可以提升运行效率，提高管理水平，使为农服务中心更加具有市场的竞争力。

第二，整合服务资源，构建服务网络。为农服务中心整合为农服务资源，实现优势产业抱团发展，打造"3 公里土地托管服务圈"，构建了覆盖全产业链条的服务网络。在运作经营上，市级供销社牵头，整合农民专业合作社、农资公司、农产品加工公司等涉农企业共同投资成立农业服务公司，乡镇农民合作社联合社发动农民社员自愿出资入股农业服务公司，农民参与为农服务中心的运营，保证农民的主体地位，坚持为农服务中心"为农便农"的宗旨。省委、省政府积极推进为农服务中心发展，在财政补助、建设用地管理、人员培训等方面给予大力支持。

第三，紧密联系村"两委"，实现合作共赢。村"两委"组织是农村的基层组织，在农业生产托管工作中发挥着联系群众的桥梁纽带作用，对于组织农户、整合土地、降低托管经营成本、减少矛盾纠纷具有重要的作用。实践中，农户把土地"托管"给基层供销社，供销社联合村"两委"共建农民合作社，农民合作社以农资、资金、技术、销售等入股为农服务中心农业服务公司，农民以土地经营权入股，村集体以电力、水利设施等入股，各方的利益都得到了有效保障与约束，实现了村集体、供销社、村民三方共赢，形成了强村固基、富民兴社的长效机制。村"两委"与合作社干部相互交叉兼职，通过组织农民专业合作社开展托管服务，合作社当"保姆"，对各家农田统一耕种、播种、灌溉、收获等，化零为整，改变了一家一户分散经营局面，加快了农业生产标准化和农业服务规模化步伐。

第四，探索融合创新模式，加快复制推广。莒县农业农村部门把党支部领办合作社和农业生产托管项目试点结合起来，探索农业生产托管"党社服"经营模式，即"党支部+合作社+农业生产社会化服务组织"。莱西市创建土地"流转—托管—运营"新模式，在土地流转的基础上开展农业规模化服务，将土地规模与服务规模有效结合起来，有效推进了农业规模经营的发展。山东省供销社自2017年试点的"土地股份合作+全程托管服务"模式在反复实践中已走向成熟，在全省迅速复制推广。截至2021年7月，省供销社带动成立土地股份合作社360多家，全程托管土地股份合作社土地21万亩。农民以土地经营权入股，村集体以水利农田设施及增溢土地经营权入股，供销社将分散的入社土地连方成片整合起来，提供后续的全程托管服务，与保险公司合作实现"保险托底"，土地股份合作社将农民、村集体和供销社形成稳定的利益共同体。随着合作社、涉农企业、专业公司等越来越多的经营主体加入进来，土地托管服务面积不断扩大，服务内容也逐渐"变宽变长"，山东省对托管服务的标准化越来越重视，制定了《山东省农业社会化服务标准体系建设指南》、农资服务规范、农产品购销服务规范等20余个农业社会化服务地方标准，参与制定《农业社会化服务 土地托管服务规范》国家标准，有标可依，推动了农业社会化服务行业加速发展。

（3）广东省农业生产托管

广东省自2020年起试点实施农业生产托管服务项目，虽起步较晚，但发展迅速，参与项目县（市、区）由2020年的10个增加到2021年的30个，服务面积从50万亩扩展到150万亩，其中推动撂荒地复耕达7.1万亩。2020年广东省农业社会化服务组织达3.68万家[①]。发展农业生产托管为主的农业社会化服务，是广东省破解土地细碎、经营分散、劳动力短缺等困扰农业转型升级问题的重要抓手。2020年起，广东省农业农村厅以农业生产托管服务为切入点，搭载体，建平台，整合资源，引导农业社会化服务规模化、专业化、标准化、数字化发展，全面构建现代农业经营服务体系，为广东省农业现代化架起新桥梁，农业生产托管发展驶入快车道。

主要做法和经验总结如下。

第一，三级托管联动，搭建生产托管协办体系。为破解服务组织交易成本高的难题，广东省在全省范围内搭建公益性农业生产托管服务协办体系，打造农业生产托管服务县级运营中心、镇级服务中心和村级托管员的三级服务平台。县级运营中心以当地村民、村干部、托管服务中心工作人员为主，

---

① 引自《广东：农业生产托管驶入快车道》，东方财富网，2021-12-16。

主要通过建立服务型合作社、服务联盟等，将分散服务资源组织起来，协调确定本区域服务价格、服务标准，提供规范化服务合同文本，推进本区域生产托管服务的标准化规范化发展。镇级服务中心主要依托本地有实力的服务组织，为当地提供实际托管服务，指导村托管员跟踪服务过程和服务反馈，加强服务组织协调和监督确保服务质量。村级托管员通常由村组干部、新型农业经营主体和服务主体负责人等担任，主要整合所负责区域内农户分散的服务需求，提高农户组织化程度，高效对接服务资源，降低对接成本。村级托管员可以充分发挥自己的乡土地缘、亲缘纽带作用，带动村民把零散土地或撂荒地集中起来，参与托管工作。2021年11月，广东省现代农业服务业联盟宣告成立，联盟整合了政府、企业、社会三方力量，广大农户以农民合作社的成员方式加入联盟，旨在推动联合会实现从单纯的农民合作社之间的小联合，向从事农业生产、服务的各类主体大融合转变。截至2021年12月，有21个地级市81县的农服组织加入联盟[1]。

第二，创新服务需求整合方式，推进托管规模化发展。服务需求规模化是实现农业生产托管服务快速推进的关键，广东充分发挥村集体、合作社、托管员等在组织动员方面的作用，整合土地和服务需求，集中连片推进农业生产托管服务，形成了村集体整合推进、合作社整合推进以及托管员整合推进三种行之有效的土地集中连片推进生产托管模式。其中，化州市"创建服务协办体系、探索集中连片规模化托管新模式"入选2021年农业农村部推介的30个全国农业社会化服务典型。针对不同地区的农户组织条件和土地集中情况，化州市建立市、镇、村三级协办体系，采取了"土地整治整合+土地入股或流转+生产托管服务"的经营模式，推进土地集中连片，助力托管规模化发展。针对撂荒地较多、村集体有一定土地的地区，采取"村集体整合集中+生产托管"模式；针对土地已经完全承包到户，且村集体无调地能力的地区，采取"土地入股或流转+生产托管"模式；针对种植作物不统一的地区，采取"村托管员+生产托管"模式，充分发挥村集体、托管员、合作社等在组织动员方面的作用，整合土地和服务需求，集中连片

---

[1] 引自《让生产托管服务惠及千家万户，广东将这么干》，南方日报，2021-12-20。

推进农业生产托管服务。截至2021年底[①]，化州每个行政村都至少有一名托管员，已有263家合作社、376名农机手、40多名乡土专家参与农业生产托管。通过三级协办体系，全市得以充分整合调配各地服务资源。

第三，搭建数字服务平台，推动行业规范化发展。广东省农业农村厅充分利用广东丰富的现代科技资源，推动生产托管服务线上线下融合发展，于2021年7月正式上线"粤农服"托管助手小程序，一改此前完全靠人工操作的工作方式，实现从服务下单、合同签订、作业监管、作业验收到资金支付的全流程线上化。通过服务合同、服务标准、服务价格、服务验收的标准化、规范化，既可以精准监督项目实施，又有利于联合金融保险、农产品销售等其他组织拓展托管服务。数字服务平台，不仅能有效提高农业生产托管服务供需双方的对接效率，还推动了服务资源和服务需求的整合，推动延伸服务链条，有助于推动托管行业规范化发展。《南方日报》2021年12月17日报道，截至2021年底，广东省已有25个县（市、区）下单操作，170家服务组织入驻小程序，共发生服务费7 000多万元，服务面积40万亩。

第四，建立示范基地，推广先进模式经验。广东省围绕重要农产品和区域特色主导产业，建设农业生产托管示范基地。截至2021年底，广东省共建有100个农业生产托管示范基地。示范基地地块相对集中连片，每个示范基地明确1家牵头服务组织、配备1名项目经理，采取"服务组织+村集体/合作社+农户"的模式，粮食作物采取全程托管，经济作物主要以技术含量较高的环节托管为主，示范基地由牵头服务主体统筹其他服务资源，按照统一作业标准实施托管服务。为激励农户参与托管服务，服务组织采取示范带动的方式，在当地建设农业生产托管示范基地，从而吸引周边其他农户加入，不断扩大服务范围。"做给农民看，带着农民一起做"是智慧"三农"联合社打造阳春市水稻全程托管示范基地的宝贵经验。示范基地的牵头服务组织在农业生产技术、生产管理经验、物资装备、资金实力等方面相比一般农户，都具有明显比较优势，由这些牵头服务组织打造的示范基地的农业经济效益显著高于小农户生产，对普通农户的吸引力和带动力更强。示

---

① 引自《农业生产托管为我省农业现代化架起新桥梁》，南方日报，2021-12-17。

范基地先进模式的推广,有助于挖掘托管服务市场潜在需求,提高托管服务市场参与率。

2.4 理论和实践经验的启示

2.4.1 发挥村集体统筹能力是农业生产托管供需双方达成合作的关键

农业生产托管的服务对象是广大而分散的小农户,小农家庭经营的过程中,农户不仅分散地进行田间管理,而且耕地细碎化严重,种植品种各不相同,各生产环节也独自进行。村集体是农村集体土地所有权的拥有者,在组织农民和协调服务方面具有得天独厚的优势,对农业生产托管具有重要的推动作用。村组干部主要借助于自身的职能、威信和能力来协调组织农民,将分散的农民组织起来后,再与社会化服务主体进行对接,形成"小农户+村集体+社会化服务"模式。农业生产托管服务主体要充分发挥村集体的组织协调作用,可通过与村组干部联合组建服务团队、吸收村集体资产入股、设立村联络员等多种形式发挥村组干部参与农业生产托管服务的积极性。

2.4.2 充分保障农民的利益是农业生产托管经营可持续发展的基础

农业生产托管供需双方根据契约构成了利益共同体,托管服务主体要主动构建保障农民利益的运行机制和风险防范机制。例如,在山东供销社牵头的土地托管模式中,镇级农民合作社联合社设定农民社员的持股比例,保证农民社员的收益。如部分地区构建"金融+期货+保险"农产品产值保障机制,以金融兜底产值波动风险,保障托管农户的产品收益。农户获利了,才能创造出更大的托管需求,农业生产托管经营才能持续。

2.4.3 服务主体多元化是农业生产托管服务规模化的保障

农业生产托管要实现规模效益,必须要达到一定的服务规模。随着农业生产托管规模的扩大，单个经营主体往往会面临技术能力不足、资金匮乏、人才队伍短缺等问题，客观上需要更多的服务主体参与农业生产托管经营，更好地整合服务资源，提升服务能力。国内各地的农业生产托管实践大都是联合了多个主体共同提供农业生产托管服务，供销社牵头成立的农民合作社联合社、农资企业联合其他主体打造的现代农业综合服务平台、吸纳家庭农场、合作组织、农业企业、科研院所组建的区域性服务联盟模式，均是多元化服务主体，有力地推动了社会化服务规模的扩大和服务效益的提升。

2.4.4 坚持因地制宜是农业生产托管具体模式选择的导向

农业生产托管是在实践中发展起来的一种新型经营模式，由于全国各地资源禀赋各异，农业生产托管的典型案例在各地实践应用中也会产生差异。从托管服务主体上，村集体、供销社、农民专业合作社、家庭农场、种养专业大户以及各种联合体都可以提供农业生产托管服务，具体以哪个主体为主导需要因地制宜。从托管服务品种上，尽管全国范围来看主要以粮食作物为主，但各地也逐渐探索出其他作物的托管模式，甚至从种植业向畜牧养殖业拓展。从托管环节上，全托管、半托管模式均有成功的经验可以借鉴，从长远来看，服务全产业链的全托管模式可以获得更高的产业化经营效益；聚焦关键环节、多环节的综合托管，可以更好地满足农户的定制化需求。从服务对象范围上，小农户是农业生产托管的主要服务对象，农业生产托管在把小农户引入现代农业发展轨道上起到了突出作用。但同时也要看到，近年来我国新型经营主体蓬勃发展，农民专业合作社、家庭农场、专业大户在农业生产过程中同样会产生农业社会化服务需求，需要根据服务对象的差异化需求设计特色化农业生产托管合约。

2.4.5 政府的大力支持为农业生产托管营造了良好的环境

我国农业生产托管的发展历程表明，没有政府支持自发形成的农业生产托管是无序、不规范的。农业生产托管由实践经验上升为国家政策后，有了国家的顶层设计、规范指导和大力扶持，农业生产托管发展才走上规范化道路，托管服务市场不断发展壮大。因此，各地在开展农业生产托管过程中，需要各级政府在政策、资金、技术、信息等方面给予大力支持。各级政府不仅要认识到农业生产托管发展存在的必要性和重要性，加大宣传力度，对农户进行引导，对服务主体进行扶持，规范服务市场发展。同时也要防止政府过度和不正当干预市场，违背农户和经营主体意愿的行为。

第三章
海南省农业生产托管发展现状

发展农业生产性服务业是引领支撑农业现代化发展的有效路径和方法，海南农业的现代化离不开农业服务业的现代化。本章系统梳理海南省农业生产托管发展的历程和试点项目实施情况。

3.1 海南省农业生产托管发展历程

海南农业生产托管起步较晚，进展较慢，与国内先进地区相比还存在较大的差距。海南省农业生产托管是伴随着订单农业逐步扩大服务范围发展起来的。发展历程大致可以分为两个阶段。

第一阶段：2013年以前，以基层农技推广体系为主的农业社会化服务阶段。

我国农业技术推广体系包括国家、省、市、县、乡等。设在县乡两级的基层农业技术推广部门，是推广体系的主体，是推动农业科技进步的重要力量。长期以来，海南基层农业推广体系是海南农业社会化服务的主体力量，经过多轮改革，逐步建立了以"包村联户"为主的工作机制和"专家+农业技术人员+科技示范户+辐射带动户"的技术服务模式。服务内容涵盖种植业、畜牧业、水产业、农业机械化、农业经营管理等领域，构建了农产品质量监管、动植物疫病防控、农业信息化服务体系。同时，为适应市场和农户需求，联合农民专业合作社、农业企业、科研院所等各类机构联合开展社会化服务。农业科技服务"110"是海南省农业科技推广服务的主要平台。海南省农业科技服务"110"创建于2001年，开通了农业科技服务"110"全省统一求助电话963110和农情短信服务，凡在海南省行政区域内登记注册、具有法人资格的企业事业单位,均可向服务地市县科技管理部门申请设立服务站。服务站一经认定,即同时成为科技特派员工作站。服务站是以科技特派员队伍为支撑,通过"政府搭台、企业唱戏、市场运作、多方参与"的运作模式,为农业、农村、农民提供方便、快捷综合性农业科技服务的平台。服务站的服务功能主要包括:良种良苗和新品种、新技术引进推广、农业技术问题咨询与诊断、农业科技示范基地建设和示范、新型农资示范推广、技术产品和农资信息发布与查询、农业技术培训、支持科技示范村示范户建设、农产品销售服务等科技服务。通过整合涉农科技资源,为农民提供技术、农资、信息、金融和农产品销售等服务,服务形式扩展到产前、产中、产后整个农业生产全过程。经过20多年的发展,农业科技服务"110"逐渐成为服务"三农"的有效载体,成为海南省农业科技服务的品牌。

这一阶段,农民专业合作社、家庭农场等新型经营主体刚刚兴起,2007年《农民专业合作社法》实施后,海南省农民专业合作社数量显著增加,一些管理规范的合作社也参与提供农业社会化服务。2003年初成立的临高县南宝香蕉合作社为社员提供"五个统一"服务,即"统一贷款、统一规划、统一种苗、统一技术指导、统一销售"等服务工作。海南省供销合作社系统内的各市县供销合作社和社属农业企业在提供农资服务的同时,也提供病虫害防控、农业机械化等服务。总体来看,这一时期大部分合作社是松散型的,部分合作社的创办动机不纯(不乏单纯为了得到政府的扶持资金),为农服务意识不强,合作社为社员服务的持续性差,导致合作社难以有效承担社会化服务。自20世纪末,海南省以市场为导向,立足本地热带资源优势,大力发展优势特色农产品和反季节农产品,逐步将订单农业引入产销活动中,带动农业生产基地化、企业化、产业化发展,农业经营的规模化程度显著提高,农业社会化服务需求日益增多,为农业服务型规模经营的发展奠定了良好基础。

这一阶段农业社会化服务的特点是:以基层农技推广体系公益性服务为主,服务内容以单一环节、多环节和关键环节为主,全产业链的社会化服务较少;市场化运作的服务主体力量还较薄弱。值得注意的是,这一阶段的农业服务实现规模化是建立在土地流转基础上的,通过土地流转实现土地集中经营，建立科技示范基地和农业生产基地，农技推广部门按照基地需求提供相应的农业技术服务。不流转土地经营权，将农业生产某些环节委托给第三方完成的服务外包型农业生产托管模式还未真正发展起来。土地流转是这一时期农业规模经营的主要形式，农业社会化服务主要集中在产中服务环节。

第二阶段：2013年起，以政策驱动多元主体参与的农业生产托管阶段。

2013年1月，国务院农村综合改革工作小组将海南省纳入全国农村综合改革示范试点。此次示范试点主要内容是构建新型农业社会化服务体系，不断强化农业农村发展基础；完善村级公共服务体系，让农村居民享受到比较完善的服务。示范试点工作持续到2014年底。海口市作为试点地区，选择在构建新型农业社会化服务体系、完善村级公共服务体系、改革经济发达镇行政管理体制等方面开展试点，探索"公司+基地+农户"模式，通过发挥农业示范基地辐射作用，由专业服务公司为农民生产提供一系列社会化服务；在海口市23个乡镇建立具有现代配套设施，集粮食生产、种子、植物保护、土壤肥料、植物检疫以及农产品农药残留检测等一体的综合农业服务中心，为全省其他市县农业社会化服务建设提供了借鉴。

2014年中央一号文件首次提出土地"托管式"服务，明确提出扩大农业生产全程社会化服务试点范围。海南虽然不是农业生产全程社会化服务试点省份，但国内其他省份如火如荼开展的农业生产托管模式也吸引了大型农业企业开始进入海南市场开展农业社会化服务业务。海南农业生产托管的经营主体日益增多，以土地托管为主要内容的农业社会化服务在海南逐渐发展起来。海南省供销社农业综合开发有限公司（简称"海南供销农综公司"）利用自身技术、管理和组织化优势，自2012年起试点推行土地托管，农民只需出土地和部分资金，海南供销农综公司协调贷款或以入股方式配套部分资金，并负责产前农资采购供应、产中全周期生产管理、产后销售，最后按照出资比例进行利润分成，托管农民则从盈利中拿出一定比例支付给海南供销农综公司作为其管理费或业绩提成。海南供销农综公司试点作物主要是香蕉，服务内容主要是香蕉种植技术和枯萎病防控服务。2015年按照《中共中央　国务院关于深化供销合作社综合改革的决定》要求，海南省供销合作社着力打造为农服务的综合性组织，积极努力拓展供销合作社经营服务领域，依托农资、农产品、日用品、再生资源经营设置配送中心、农贸市场、超市、便利店、集散中心等众多网点，推进公益性服务与经营性服务相结合、专业服务与社区综合服务相协调的服务体系建设，积极培育发展新型为农服务组织，大力开展新型农业社会化服务。

中农集团控股股份有限公司（简称"中农控股"）加快推进产业转型进程，依托"中国农资"小型合作社，联合种养大户、农民专业合作社、家庭农场等各类新型农业经营主体，整合上下游资源，全力打造涵盖农资销售、土地托管、粮食深加工、农技服务、农机配套、金融保险为一体的现代农业服务体系。2015年，中农控股依托海口天贵中农专业合作社，联合包括种植大户、家庭农场、农民专业合作社等各类新型经营主体共同开展土地托管、农机配套、农资直购、农技服务、粮食银行为一体的新型农业社会化服务体系。中化化肥有限公司海南分公司依靠农资销售渠道，专注植保领域，致力于提供重点经济作物的全产业链农业综合服务。与此同时，海南各市县农机专业合作社依托农机装备优势开展农机社会化服务。

2017年以来，在农业农村部、财政部、中华供销总社等中央财政资金的大力支持下，海南省试点开展农业生产托管服务项目，农业社会化服务发展加快。中华全国供销合作总社、国家农业综合开发办公室于2017年联合发布的《中华全国供销合作总社农业综合开发土地托管项目指引（2018—2020年）》全力扶持土地托管项目，重点支持建设为农服务中心为平台开展土地托管服务，推进农业规模化服务，有力地支撑了海南供销社系统土地托管业务的拓展。2017—2020年，中央财政资金农业社会化服务项目已累计支持海南60.7万亩土地实施农业生产托管项目，涉及粮食耕、种、防、收、售等环节及热带水果、冬季瓜菜、热带经济作物等全程或单项托管服务，部分项目招投标不顺利，实施进度滞后。依托中央财政资金农业生产发展项目，海南省还开展了农机社会化服务体系示范点建设、农民专业合作社项目、家庭农场项目、基层农技推广体系改革等工作，有效地推动了多种社会化服务组织的发展壮大。

这一阶段农业社会化服务的特点是：海南农业生产托管业务是在国家政策的驱动下，在财政资金的推动下，自上而下发展起来的；农业生产托管逐渐成为土地流转之外的一种新型农业经营方式；农业社会化服务项目以支持单环节、多环节和关键环节托管为主，以粮食为重点，逐步扩展至冬季瓜菜、热带水果和热带经济作物领域，全程托管模式还较少；财政资金支持的农业社会化服务项目进展严重滞后，未起到引领示范作用；托管土地规模还较小，整村、整乡或更大区域推进较慢；在基层农技推广体系公益性服务之外，初步形成了供销合作社、农机合作社、农民专业合作社、家庭农场、农业企业等多元化、市场化、专业化农业生产托管服务主体格局。

3.2 海南省农业生产托管项目实施情况

2013 年，中央财政在粮食主产区选择 8 省作为农业生产全程社会化服务试点省；2016 年试点省扩大到 17 个省（区、市），海南省未被列入试点。在进一步总结推广农业生产全程社会化服务试点经验的基础上，2017 年，农业部、发展改革委和财政部联合发文，提出加快发展农业生产性服务业，大力推广农业生产托管。2017 年中央财政将农业生产托管等社会化服务作为支持重点，中央财政农业生产发展资金设立农业生产社会化服务项目。2017 年起，海南省在中央财政农业生产发展资金的支持下，开始开展农业生产社会化服务项目试点工作，实施对象为提供农业生产托管服务的经营性服务组织，择优选择龙头企业、农民专业合作、科研机构和专业服务公司等新型经营主体，但不包括公益性机构。在政府推动和政策宣传的影响下，海南省农业生产托管得到了一定的发展。海南省雷丰芒果农民专业合作社探索的以技术托管为依托带动农户开展芒果标准化生产的服务模式入选 2021 年农业农村部推荐的第三批全国农业社会化服务典型案例。2021 年 11 月，海口市琼山区入选全国 100 个农业社会化服务创新试点县，五田家控股有限公司入选全国 100 个农业社会化服务创新试点组织。

根据海南省农业农村厅制定的《2020 年农业生产社会化服务发展项目实施方案》（简称《方案》），为大力推进农业生产托管，加快农业生产性服务业发展，《方案》重点支持供销合作社、农村集体经济组织、服务型农民合作社、专业服务公司和家庭农场等具有一定能力、可提供有效稳定服务的主体，结合当地主导产业发展，选择1~3个关键环节、薄弱领域和农民急需的关键领域，为从事粮油等重要农产品和本市县特色主导产业生产的农户提供以生产托管为主的社会化服务。《方案》在抓好稳定粮食生产的任务时，结合海南农业生产地域特色，把提升冬季瓜菜、热带水果和热带经济作物生产管理水平作为开展农业生产托管的主要方向。《方案》强调要在整村、整乡或更大区域集中连片推进，既要防止政策垒大户，合理确定每年享受项目任务补助的资金总量上限；又要防止代替农户和生产者管理，坚持政策扶持带动，引导小农户、种植大户、家庭农场等经营主体广泛自觉接受社会化服务。项目实施区域围绕从事粮油等重要农产品和当地特色主导产业生产的农户展开，重点支持生产过程中耕、种、防、收、售5个主要环节，以支持农业生产托管等服务带动型规模经营为重点，因地制宜选择工厂化育供苗、机耕机插、肥水一体化、病虫害专业化统防统治、农作物增产托管、技术托管、产销一体化托管等部分农业生产关键环节、薄弱领域。服务形式上，可以根据当地农户需求选择多环节托管、关键环节托管和全程托管等模式，采取先服务后补助的方式。补助标准由各市县根据农业生产作业环节的工作任务、工作难度和服务成本，按适当比例确定，合理制定对服务组织或服务对象的补助规模上限。原则上财政补助占服务价格的比例不超过30%，单季作物亩均各关键环节补助规模不超过100元；对贫困地区、丘陵山区，原则上财政补助占服务价格的比例不超过40%，单季作物亩均各关键环节补助总量不超过130元；农业适度规模经营主体的补助规模最高补贴额不得超过30万元。

经统计，2017—2020年海南省累计拨付农业生产社会化服务项目中央财政资金6 920万元，覆盖了海南除三沙市外的18个市县，其中中央财政资金6 624万元，累计支持超过60.7万亩土地推行以农业生产托管为主的农业社会化服务项目，平均补助标准为109元/亩；中央财政资金296万元用于贫困县扶贫资金统筹使用开展农业生产社会化服务项目（表3-1）。目前已实施的农业生产托管项目服务内容主要包括：工厂化育秧及机耕机插机收服务、病虫害防控、水肥一体化、增产技术托管等，涉及水稻种植、冬季瓜菜、芒果等热带水果、槟榔等热带经济作物等作物1~3个关键环节生产托管服务，其中水稻、槟榔种植的托管服务是项目支持的重点。各市县农业生产托管项目结合当地主导农业产业开展，如文昌市聚焦水稻、番薯（甘薯）等重要粮食作物生产，扶持机耕、机插、机收等关键环节，改进农业生产方式，从而增强重要粮食产品供给保障能力和生产效益，更好地促进文昌市撂荒地的复耕。陵水县以水稻种植、冬季瓜菜、热带水果和热带经济作物等开展托管服务，围绕陵水圣女果和芒果等特色主导产业，实施专项服务标准化、综合服务全程化，围绕集中连片和集约化、规模化发展绿色高效农业。万宁市以粮食种植、冬季瓜菜、常年"菜篮子"基地、热带水果和热带经济作物为主，重点支持发展多环节托管、关键环节托管和全程托管等生产托管模式。

表 3-1 海南省 2017—2020 年农业生产托管项目财政资金安排情况

年份	市县	服务面积（万亩）	分配金额（万元）	备注
2017	三亚市	2.3	230	2017 年农业生产社会化服务项目中央财政资金 196 万元用于临高县、白沙县、保亭县、五指山市、琼中县等 5 个贫困县贫困扶持资金，未下达试点任务
	琼海市	2.1	200	
	万宁市	2	190	
	澄迈县	4.5	491	
	乐东县	3.1	315	
	东方市	1	110	
	定安县	1.5	140	
	陵水县	1	105	
	合计	17.5	1 781	
2018	万宁市	5	620	
	海口市	2.1	240	
	三亚市	2.1	240	
	儋州市	2.1	240	
	文昌市	2.1	240	
	东方市	2.1	240	
	琼海市	2.1	240	
	定安县	2.1	240	
	陵水县	2.1	240	
	澄迈县	2.1	240	
	昌江县	2.1	240	
	屯昌县	2.1	240	
	乐东县	2.1	240	
	合计	30.2	3 500	

(续表)

年份	市县	服务面积（万亩）	分配金额（万元）	备注
2019	海口	1.5	163	
	文昌	1.5	163	
	乐东	1	108.5	
	东方	1	108.5	
	合计	5	543	
2020	乐东县	2	200	2020年农业生产社会化服务项目中央财政资金100万元分配给贫困县白沙县，资金使用按照《关于规范开展贫困县统筹整合财政涉农资金工作的实施意见》（琼府办〔2018〕70号）等有关规定执行。未下达试点任务。
	三亚市	1.2	120	
	儋州市	1.2	120	
	澄迈县	1.2	120	
	陵水县	1.2	120	
	屯昌县	1.2	120	
	合计	8	800	
2017—2020	累计	60.7	6 624	

资料来源：海南省农业农村厅。

从分市县统计来看，如图 3-1 所示，海南省共有 13 个市县承担农业生产托管项目试点任务。

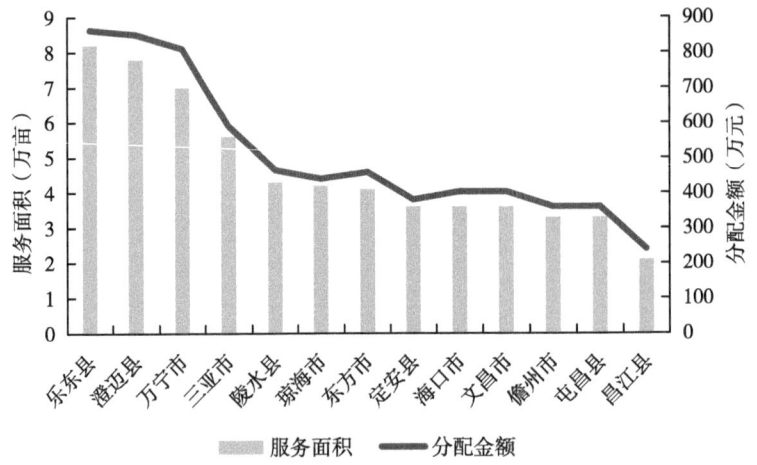

图 3-1　海南省各市县农业生产托管试点项目情况

注：根据海南省农业农村厅文件整理。因贫困县未下达农业生产托管项目试点任务，故未统计临高县、白沙县、保亭县、五指山市、琼中县等 5 县（市）。

乐东县累计承担农业生产托管服务面积 8.2 万亩，中央财政补助资金 863.5 万元，任务量和资金量位居各市县第一；其次是澄迈县承担服务面积 7.8 万亩，中央财政补助资金 851 万元；万宁市服务面积 7 万亩，补助资金 810 万元，位居第三。儋州市承担农业生产托管服务面积和补助资金排名第 11，服务面积仅 3.3 万亩，这与儋州市作为海南省农林牧渔总产值第一、农业从业人口第二、耕地面积第二的地位严重不匹配。从总体来看，海南省农业生产托管覆盖面还较小，财政资金支持农业生产社会化服务的力度还较弱，累计服务面积 60.7 万亩，仅占 2020 年海南省耕地面积的 9.28%。海南省农业生产托管服务还有较大的推广提升空间，在试点的基础上，政府需要加强财政支持力度，扩大服务面积，拓展服务对象，引导更多小农户和其他农业生产经营主体参与农业生产托管。

为深入了解海南省农业生产托管项目实施情况，研究团队赴业务主管部门海南省农业农村厅农村合作经济指导处，围绕全省农业生产托管发展现状、面临的困难和发展计划等方面开展调研。根据政府部门调研，尽管农业生产托管项目开展了 4 年多，项目推进仍存在较大的困难。

一是项目招投标进展不顺。项目投标单位不足，常导致流标或需二次招标。例如琼海市 2018 年农业社会化服务项目 2 包（工厂化育秧及机耕机插服务）因无投标人到场导致流标；乐东县 2017 年农业生产社会化服务采购项目（CDE 包）因有效投标人不足 3 家导致流标后组织二次招标，才顺利签订合同。海南省农业生产托管项目在中央财政资金扶持前实施范围非常有限，社会知晓率低，成功经验较少，参与小农户少，服务主体数量少，导致财政资金扶持下试点项目招投标不顺。农业生产托管服务项目试点初期以水稻等粮食作物为重点，对以热带经济作物为主的农业生产者吸引力不大，也是服务主体参与投标积极性差的一个原因。

二是项目实施较滞后。因各种原因，各试点市县的项目完成公开招标，基本都是在海南省农业生产社会化服务项目年度实施方案发布后近 1 年甚至超过 1 年后才开始招标，部分项目经过二次招标，正式实施项目已在方案发布 2 年后了。如海口琼山区 2018 年农业社会化服务项目采购在 2020 年 2 月发布竞争性磋商公告，2020 年 3 月 31 日发布二次招标成交公告。项目实施期限一般在半年到一年。项目推进缓慢，严重影响了财政资金发挥政策效应。项目实施过程中，面临着农户多样化的需求，服务主体与分散的小农户沟通协调成本较高。由于经验欠缺和知识不足，基层政府在政策宣传和项目指导监督上方法不多，制定的文件和方案操作性不强，农业生产托管规范化、标准化不足，导致项目实施滞后。2021 年 9 月，海南省农业农村厅组织召开全省农业生产社会化服务项目推进会。会议指出，当前海南省农业社会化服务项目推进缓慢，"堵点"主要表现在：思想认识不到位、缺乏担当，农业社会化服务底数不清，对资金性质及使用范围、操作流程把握不准，工作创新不够。农业生产社会化服务项目推进滞后、资金拨付缓慢问题已列为审计整改事项。

三是政府农经队伍人员严重不足。2009 年农业部发布的《关于推进农业经营体制机制创新的意见》，提出加强农经体系建设，健全农经工作机构，建设高素质的农经干部队伍，县和县以上要重点加强队伍建设，乡镇要继续办好农经站，机构不健全的要进一步明确农村经营管理职能，落实承担机构和专职人员。在海南省农村综合改革过程中，市县级农经站已撤销，保留农经岗编制。镇级政府行政单位设经济办公室，涉农事业单位整合为为农服务中心，农村基层事务庞杂，已没有专职农经人员。省级业务对口部门农村合作经济指导处归口业务较多，具体经办人员较少。农经体系不仅承担着农村土地承包管理、新型农业经营主体培育、集体经济发展和资产财务管理等常规工作，还肩负着农村土地制度、集体产权制度和经营制度的改革创新等重要职责。由于任务重，人员少，专职人员更少，一定程度上造成海南农业生产托管宣传力度不够、项目组织服务不到位、项目推进缓慢。

3.3　海南省农业社会化服务平台建设情况

根据农业农村部农村合作经济指导司 2020 年 4 月 30 日发布的《关于组织开展中国农业社会化服务平台试点工作的通知》（简称《通知》），在全国范围内试点中国农业社会化服务平台（简称"农服平台"），山西、安徽、山东三省开展整省试点，其他省（区、市）选择农业生产社会化服务项目任务实施县开展整县试点。同时，鼓励其他有积极性有条件的省、市、县先行先试。《通知》要求，各地要组织农服平台试用，积极引导组织本地区各类农业社会化服务组织注册农服平台，并发布服务信息；组织动员本地区小农户和规模经营主体注册农服平台，并发布服务需求信息，探索线上对接和线下服务有效服务模式和路径。各省（区、市）要抓紧组织本地区生产托管项目县利用农服平台开展项目管理工作，要组织 2017—2020 年所有项目县建立服务组织名录库，项目县农业农村部门负责本行政区域内的名录库建设、维护和管理。地市和省级农业农村部门要加强监督指导工作，充分利用名录数据资源，促进共享共用，优化政务服务。部分省份在建立本省农业生产托管服务平台基础上，实现省级平台与农业农村部开发的农服平台无缝衔接、信息共享，如广东省"粤农服"托管助手小程序。目前，海南省还没有建立专门的农服平台，主要通过试点农业农村部的农服平台，搭建区域农业生产性服务综合农服平台。

根据农服平台的统计，截至 2021 年 12 月 10 日，已在农服平台注册的全国服务主体共 76 881 个，占农业农村部统计的 95.5 万个全国农业社会化服务组织的 8.05%，在该平台试行一年多来，完成注册的农业社会化服务组织数量还偏少。其中，海南省已在农服平台注册的农业社会化服务组织共 22 家，占全国已注册服务主体的 0.05%。22 家服务主体分布在海口市 5 家、白沙县 8 家、陵水县 6 家、三亚市 2 家、屯昌县 1 家。已注册的海南省农业社会化服务组织数量在全国 31 个省（区、市）中排名第 29。具体名录见表 3-2。

表 3-2 农服平台已认证海南省服务组织名录

序号	主体名称	服务作物/畜牧	服务内容	所在地区
1	海南五田家农业发展有限公司	水稻	全过程服务	海口市
2	海口亦飞农业农资销售批发市场有限公司	水稻、柚子	整形修剪、成年树施肥、病虫防治	海口市
3	海口亦民农业作业服务专业合作社	水稻	收割	海口市
4	海南科士达机械设备有限公司		机耕机收、机插秧、飞防植保	海口市

（续表）

序号	主体名称	服务作物/畜牧	服务内容	所在地区
5	海南昇田农业开发有限公司	水稻	全过程服务	海口市
6	海南远景苗圃基地有限公司	花卉、西甜瓜	育苗、移栽、病虫害防治、施肥、植保	陵水县
7	海口亦民农机作业服务专业合作社	水稻	收割	陵水县
8	海口亦民农机作业服务专业合作社	水稻	旋耕，收割	陵水县
9	海口亦飞农机农资销售批发市场有限公司	水稻	旋耕，收割	陵水县
10	海南广陵高科实业有限公司	育制种	育苗、病虫害防治	陵水县
11	海南雷丰良好农业技术服务有限公司	芒果	全过程服务	陵水县
12	白沙有田种养专业合作社	花卉、鸡、鸭、鹅、其他	饲料、植保、种苗	白沙县
13	白沙众智苗圃专业合作社	中药材	整枝落蔓	白沙县
14	白沙绿达苗木花圃种养专业合作社	鸡、鸭、鹅、西瓜、芒果	施肥、植保	白沙县
15	白沙丰森种养专业合作社	苗木	育苗	白沙县
16	白沙鑫隆橡胶种苗专业合作社	橡胶	育苗	白沙县
17	白沙仙女石种养专业合作社	鸡，、鸭、鹅	饲料	白沙县
18	白沙福满园农业旅游观光休闲专业合作社	草鱼、鲫鱼、鸡、鸭、鹅	种苗、饲料	白沙县
19	白沙先锋种养专业合作社	花卉、橡胶、畜牧	种植及销售	白沙县
20	屯昌丰谷粮食种植专业合作社	畜牧养殖	技术指导	屯昌县
21	三亚金凤凰南繁制种专业合作社	种苗	育苗	三亚市
22	海南春蕾天涯农业科技发展有限公司	水果、蔬菜	种植	三亚市

资料来源：中国农业社会化服务平台 http://www.zgnf.net/，已剔除重复注册的单位。

海南省在农服平台注册的服务组织数量较少，可能的原因是各市县对农服平台重视程度不够，宣传推动、政策指导、试点工作的执行落实还存在较大差距。国家农业信息化工程技术研究中心于 2021 年 12 月发布的中国农业社会化服务平台 2021 年度百强优秀推广县名单，海南省 18 个市县均未上榜，一定程度上反映了海南省各市县政府推进农业社会化服务平台试点工作较缓慢。

第四章 海南省加快推进农业生产托管的可行性分析

本章从农业的基础地位、农业生产布局优化、粮食安全、土地撂荒复耕、农业服务业提升、新发展阶段机遇挑战并存等方面分析海南农业现代化发展的紧迫性,研究海南加快推进以农业生产托管为主的农业社会化服务的可行性。

4.1 农业是海南的基础产业

根据中国统计年鉴和海南省统计年鉴,如表 4-1 所示,海南省 2020 年实现人均 GDP 55 131 元,低于全国平均水平。从三次产业构成来看,第三产业对海南省 GDP 贡献率最大,达到 60.4%,已超过全国平均水平,说明海南省服务业发展较快。第一产业的贡献略高于第二产业,占 20.5%,远高于全国平均水平,在全国 31 个省(区、市)中仅次于黑龙江省(25.1%)。从全国范围来看,海南省仍然是农业大省,海南农业产业对于海南经济发展乃至全国农产品供给仍具有举足轻重的作用。第二产业的贡献率下降为 19.1%,可归因于海南省坚持生态立省、牢固树立和全面践行绿水青山就是金山银山的理念、深入推进国家生态文明试验区建设的成效。尤其是"十三五"以来,海南省加快经济结构转型,深入推进供给侧结构性改革,加快工业转型升级,建立产业准入负面清单制度,全面禁止高能耗、高污染、高排放产业和低端制造业发展,壮士断腕摆脱经济对房地产的依赖。从人均可支配收入来看,海南省城镇常住居民和农村常住居民人均可支配收入均低于全国平均水平。综上可以看出,海南省经济社会发展总体水平仍落后于全国平均水平,仍需要加快追赶发展,跑出海南"加速度"。

表 4-1　海南省 2020 年经济社会发展基本情况

地域	人均GDP(元)	产业结构(%)			城乡居民人均可支配收入(元)	其中	
		第一产业	第二产业	第三产业		城镇常住居民	农村常住居民
海南	55 131.0	20.5	19.1	60.4	27 904	37 097	16 279
全国	71 999.6	7.7	37.8	54.5	32 189	43 834	17 131

2015 年,海南省委、省政府确立重点培育壮大旅游业、热带特色高效农业、互联网产业、医疗健康产业、会展业、现代物流业、医药产业等 12 个重点产业,积极推进传统产业转型升级、新兴产业成长壮大。2018 年 4 月 13 日,习近平总书记在庆祝海南建省办经济特区 30 周年大会上的重要讲话提出,深化现代农业、高新技术产业、现代服务业对外开放,明确指出海南发展不能以转口贸易和加工制造为重点,而要以发展旅游业、现代服务业、高新技术产业为主导。2020 年 6 月,中共海南省第七届委员会第八次全体会议进一步明确,要聚焦发展旅游业、现代服务业和高新技术产业,重点培育壮大旅游、互联网、油气、热带特色高效农业等千亿级产业。"4·13"以来,海南坚决贯彻新发展理念,建设现代化经济体系,深化供给侧结构性改革,构建旅游业、现代服务业、高新技术产业、热带特色高效农业为主导的"3+1"现代产业体系,以培育壮大三大主导产业(旅游业、现代服务业、高新技术产业)和 12 个重点产业为抓手做强实体经济。

4.1.1　省域层面产业结构演变

区域经济增长过程中,产业结构不是一成不变的。经济增长过程中产业结构演变的一般规律可以从各产业的就业结构和产出结构变化来分析。"配第—克拉克定理"是研究产业结构演变的经典理论。20 世纪 50 年代,克拉克通过统计分析揭示了经济进步过程中产业结构变化的一般规律:随着人均国民收入水平的提高,劳动力首先由第一产业向第二产业转移,当人均国民收入进一步提高时,劳动力便会向第三产业转移。库兹涅茨对产业结构演变规律的研究进一步延伸到国民收入在产业部门的演变,得出结论:随着时间的推移，农业部门在整个国民收入中的比重同农业劳动力在全部劳动力中的比重一样，处于不断下降中；工业部门在国民收入的比重总体来看是上升的，然而工业部门的劳动力比重在各国间可能是大体不变或略有上升；服务部门劳动力的相对比重差不多在所有国家都是上升的，国民收入的相对比重综合起来看是大体不变，略有上升（彭长青，2007）。

海南自 1988 年建省办经济特区以来，经过 30 多年的发展，海南省一二三产业的比例结构已从建省初期的 50.0∶18.4∶31.6，第一产业在经济发展中占绝对主导，第二产业发展明显滞后的"一三二"格局，调整到了 2020 年的 20.5∶19.1∶60.4，第三产业在 GDP 中占主导，第一产业和第二产业旗鼓相当的"三一二"态势（图 4-1）。三大产业中，第三产业总体上保持着持续增长势头，这与海南省加快构建以现代服务业为主导的现代经济体系的政策预期一致。第二产业基本维持在较稳定的比重，波动不大，这与海南省长期存在的工业基础薄弱、工业门类缺乏地区比较优势和生态经济立省的省情一致，第二产业在海南 GDP 的比重未来将稳定在一个均衡水平，第二产业发展的重点将聚焦在调优结构、提质增效、稳定发展上。第一产业从绝对主导地位下降为略高于第二产业，已成为二、三产业可持续发展的基础支撑产业，尤其是农业与旅游业、现代服务业融合发展进程加快，第一产业的基础性、支柱性产业地位不会动摇。

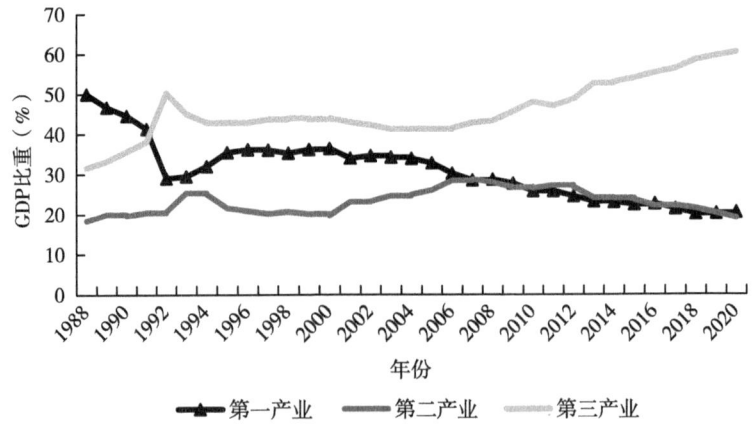

图 4-1　1988 年以来海南省三次产业增加值占国内生产总值比重

第四章 海南省加快推进农业生产托管的可行性分析

从劳动力在三次产业就业情况的演变来看（图4-2），第二产业的从业人员数量基本处于稳定状态。在2013年以前，第一产业一直是吸纳劳动力的主力，自2013年后，第三产业超第一产业成为吸引劳动力就业的主导产业。从第一产业转移出来的劳动力主要是进入了第三产业就业，在发展趋势上跟克拉克、库兹涅茨等人的研究吻合。

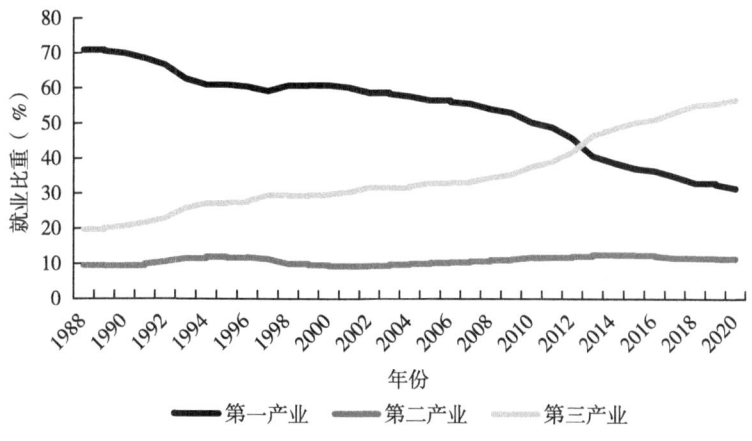

图4-2 1988年以来海南省三次产业从业人员构成演变

为定量分析经济发展与产业结构的关系，采用海南统计年鉴1988年以来的数据，建立"经济发展-产业结构"时间序列数据模型，以洞察海南省经济发展过程中的产业结构演变趋势。

运用SPSS统计软件，将1988年以来海南省人均GDP与第一产业增加值所占比重（占比）进行相关分析（图4-3），二者的相关系数为-0.851，达到了0.001的极显著水平，说明二者呈显著的反比关系，人均GDP越高，第一产业比重越低。以人均GDP作为自变量，以第一产业增加值比重为因变量，运用曲线估计模块进行拟合优选，幂函数模型取得较好的效果，可决系数为0.871，达到0.001的极显著水平，随着人均GDP的增长，第一产业比重呈现缓慢的下降趋势。

将第二产业比重与人均GDP进行相关性分析，发现二者相关性不显著，说明海南省第二产业发展与人均GDP不存在显著相关，随着GDP的增长，第二产业并没有出现明显的加快发展或滞后发展。从图4-1和图4-2也可

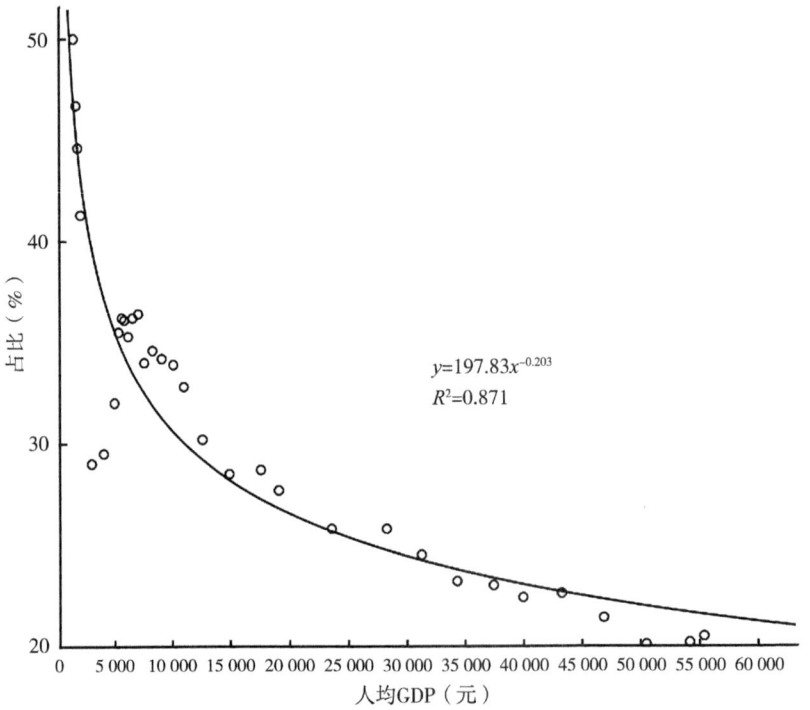

图 4-3 人均 GDP 与第一产业比重的拟合图

以看出，第二产业对 GDP 的贡献率一直较稳定，第二产业从业人数维持在一个稳定水平，并没有出现随 GDP 大幅波动的现象。

第三产业比重与人均 GDP 的相关系数达到 0.899，达到了 0.001 的极显著水平，人均 GDP 越高，第三产业比重越高（图 4-4）。曲线估计得到线性模型拟合效果最优，可决系数为 0.808，达到 0.001 的极显著水平，第三产业比重与人均 GDP 存在线性相关关系。

综合人均 GDP 同三大产业比重的相关分析和拟合情况，可以看出，随着经济的发展，第三产业对国民经济的贡献越来越大，第一产业的贡献率呈下降趋势。需要注意的是，保持经济平稳较快发展，更应加强农业基础地位，把农业作为保增长的基础支撑。随着城乡融合发展和新型城镇化的推进，农业与工业、旅游业、现代服务业将更进一步融合，农业的基础性、支撑性作用尤为凸显。

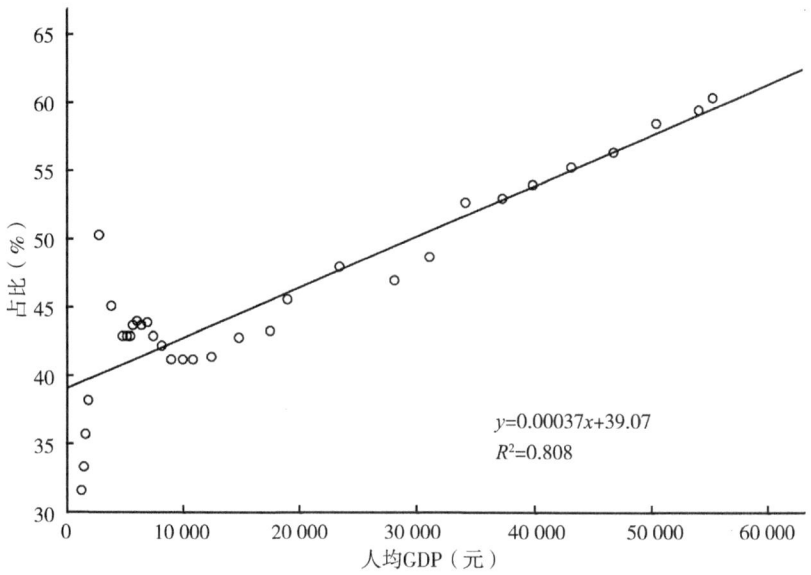

图 4-4 人均 GDP 与第三产业比重的拟合图

4.1.2 海南农业产业发展概况

海南岛是全国唯一的热带岛屿，具有丰富的热带资源和生态环境优势。农业是海南经济的基础产业、支柱产业和优势产业。习近平总书记 2013 年视察海南时提出使热带特色农业真正成为优势产业和海南经济的一张"王牌"。近年来，海南省以高水平、高标准建设国家冬季瓜菜基地、南繁育制种基地、热带水果基地、热带作物基地、海洋渔业基地和无规定动物疫病区"五基地一区"为抓手，加快推进热带特色高效农业发展。本节围绕海南特色产业——热带作物产业，研究其发展现状，比较海南与国内其他热区热带作物产业发展，为以种植业为主的农业生产托管试点项目的有效实施提供基础支撑。

根据《关于促进我国热带作物产业发展的意见》（国办发〔2010〕45号），热带作物主要包括天然橡胶、木薯、油棕等工业原料，香蕉、荔枝、芒果等热带水果以及咖啡、桂皮、八角等香（饮）料，是重要的国家战略资源和日常消费品。

根据海南省统计年鉴数据，2020年全省总人口1 012.34万人，其中乡村常住人口402.20万人，占总人口的40%；乡村从业人员329.96万人，其中从事农业产业的人员220.35万人，占乡村就业总人口的66.78%。农村人口基数大，农业从业人员广，加快农业产业发展、深化农业内部就业仍然是解决农村劳动力就业问题的现实选择。热带作物是海南农业一大特色，2020年全省热带作物年末面积70.79万公顷，比2019年增长0.20%。自建省以来，海南热带作物种植面积长期保持稳步增长趋势（图4-5）。

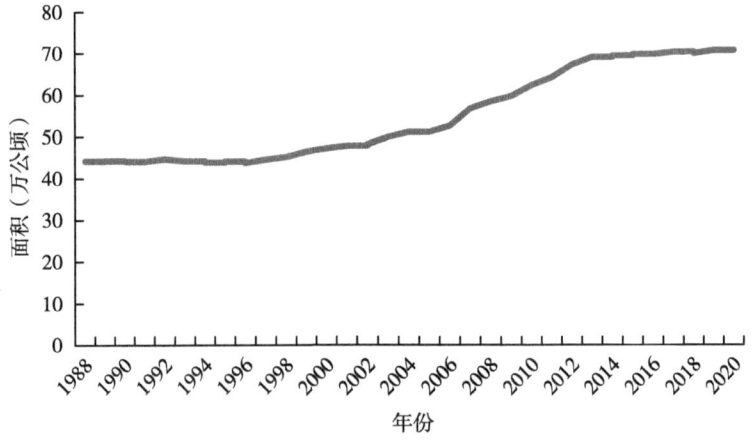

图4-5　1988年以来海南省热带作物年末面积

分作物来看（图4-6），天然橡胶是海南省第一大热带作物，2020年末实有面积51.92万公顷，占全省热作面积的61.47%。海南是我国第二大橡胶主产区，2017年国务院出台《关于建立粮食生产功能区和重要农产品生产保护区的指导意见》，以海南、云南、广东为重点，划定天然橡胶生产保护区1 800万亩，其中海南840万亩。海南农垦热带作物种植以天然橡胶为主，2019年天然橡胶种植面积占海南农垦热作面积的76.57%。近年来海南农垦积极布局东南亚和非洲，展开一系列国际并购，扩大海南橡胶版图，产业规模不断壮大。海南民营橡胶的种植规模和产胶能力日益提升。槟榔种植面积仅次于橡胶，2020年末实有面积12.47万公顷，占全省热作面积的17.61%。近年来，随着国际国内市场天然橡胶价格持续低迷，槟榔价格行情较好，槟榔成为海南经济效益最高的热带作物,成为海南农民增收致富的"金果果"。椰子在海南有无可比拟的地位,是海南的象征,2020年种植面积3.25万公顷,占全省热作面积的5.04%。2021年海南省政府工作报告提出,构建旅游业、现代服务业、高新技术产业、热带特色高效农业"3+1"产业发展格局,推进橡胶、槟榔、椰子"三棵树"等全产业链,由此可见,"三棵树"对海南农民增收、乡村振兴、热带农业产业发展的重要性与独特地位。海南热带水果种类繁多,芒果、香蕉、荔枝、菠萝是海南省种植规模较大的热带水果,2020年四者总面积12.70万公顷,占全省热作面积的17.94%,其中芒果种植面积居首。胡椒、咖啡等香(饮)料、益智、砂仁等南药作物也是海南热作产业中区域优势显著、经济效益较高的特色产业。

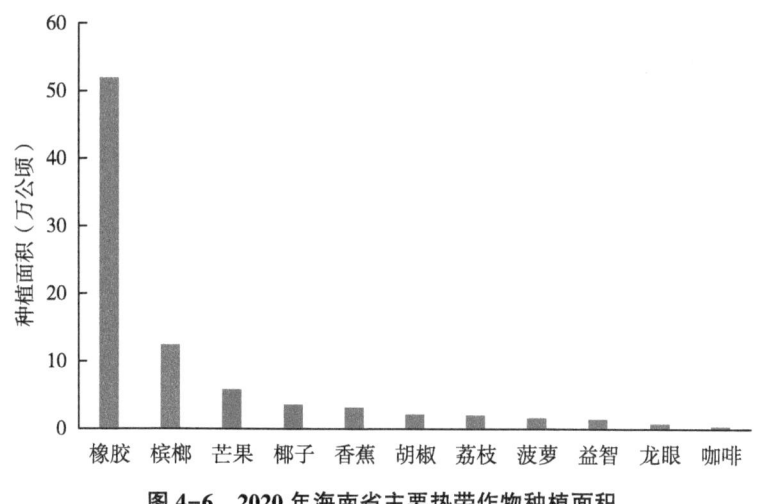

图4-6　2020年海南省主要热带作物种植面积

海南热带特色高效农业作为省委省政府确定的"十三五"时期乃至更长一段时期的12个重点产业之一,以高水平建成"五基地一区"为重点,以产业结构调整为主线,以转变农业发展方式为方向,以实施产业发展、产业链延伸、农业发展方式转变、基础设施建设等四大类项目为抓手,做大做强热带特色高效农业。从历年12个重点产业增加值占GDP比重来看(图4-7),海洋产业(含油气)、热带特色高效农业、旅游产业仍然是海南省经济发展的重要动能,占GDP的比重稳中有升;教育文化体育产业、现代金融服务业、互联网产业等新兴产业发展迅速,对全省 GDP 的贡献不断增大。

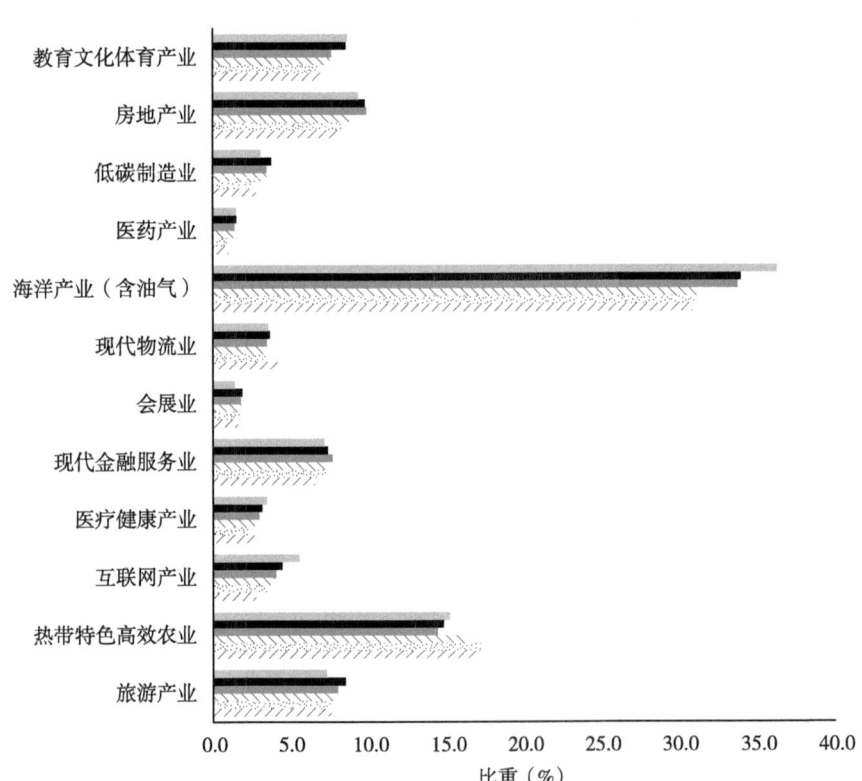

图 4-7　2015—2020 年间 12 个重点产业增加值占海南省 GDP 比重

海南省坚持传统产业转型升级和新兴产业培育壮大并举,热带特色高效农业提质增效进程加快。从热带特色高效农业增加值占第一产业增加值的比重来看(图 4-8),热带特色高效农业对推动海南农业发展具有举足轻重的作用,第一产业增加值的 70% 以上来自热带特色高效农业。"十三五"以来,海南省以推进农业供给侧结构性改革为主线,立足热带特色高效农业资源优势,优化农业产业结构,让优势资源向优势区域集中,热带特色高效农业已真正成为海南经济的一张"王牌"。

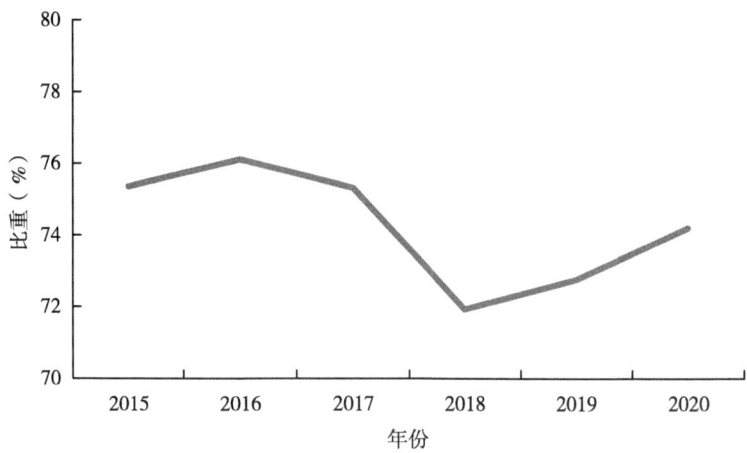

图 4-8 热带特色高效农业增加值占海南省第一产业增加值比重

4.1.3 海南与热区其他省份热作产业发展比较

（1）各省热带作物各有特色，海南农业特色还需加强

我国热区覆盖 10 个省（区），南亚热带地区水热资源丰富，作物生产季节长达 9.5 个月至全年，作物生长发育快，热带作物种类较多。我国热带作物产业发展取得了显著成就，主要作物优势生产区域初步形成，优势农产品生产日益向优势区域聚集，"大而全、小而全"的生产格局进一步打破。主要热带作物生产呈现集中布局的趋势，为优化农业生产力布局奠定了良好的基础。各地初步形成了一批具有独特品种、特殊品质、特定区域的特色农产品，达到了一定生产规模，形成了特色农产品优势生产区。广东是热带水果优势生产区，市场发育较完善，荔枝、香蕉等热带产品知名度较高。广西是我国热带农业生产大省，热带农产品资源丰富，木薯、龙眼、香蕉、芒果、八角等多种作物生产集中度较高。云南是我国咖啡、澳洲坚果、天然橡胶、辣木的主产区，香蕉、芒果等热带水果生产规模较大。福建以热带水果为主，柚子品牌驰名中外。

海南全省处于热带，资源丰富，热带作物种类丰富，工业原料作物、热带水果、香（饮）料、南药作物等都具有显著的地域优势。海南省较其他省区热区面积小，单一作物总体生产规模不大，"小而散"的问题仍然存在。天然橡胶是海南第一大热带作物，槟榔、椰子、胡椒等作物规模较大，具有海南独特的地理优势，且经济效益较高，是海南重要的农业经济增长点。热带水果种类多但规模普遍较小，与广东、广西热带水果在品种和上市期上存在交叉，热带水果的生产潜力还需加强。

（2）热带农业产业是重要的经济来源，海南经济效益仍需提升

热带农业普遍生长季节长，种类及品种繁多，且富于热带性，四时宜农，作物经济价值较高。热区主要以农业人口为主，热带农业对促进热区农村社会经济发展起着重要的作用。天然橡胶、木薯是重要的战略资源和工业原料，香蕉、荔枝、芒果等热带水果是重要的食用消费品，香（饮）料作物和热带药用植物尽管种植面积小，但产品附加值高。根据农业农村部农垦局的统计，2019年海南热带作物总产值中，槟榔产值最高，达到87.8亿元，占全省热作总产值的29.42%，是天然橡胶产值的2.60倍，槟榔种植面积仅占天然橡胶的24.02%。天然橡胶作为海南的传统优势作物，胶价持续低迷，严重影响了天然橡胶产业的可持续发展。椰子、胡椒近年来的经济效益不断上升，带动了农民种植的积极性。海南热带水果种类繁多，红毛丹、莲雾等稀有热带水果市场潜力巨大。发展名优特稀农产品，提高特色农产品质量，提高农业产业化水平，提升品牌知名度，是海南农业经济效益提升的重要举措。

（3）统筹两个市场两种资源，海南农产品市场需加快拓展

根据农业农村部农垦局的统计，截至2018年底，热区现有国家级龙头企业280家，省级龙头企业601家，专业合作社31 201个，农业农村部热作标准化生产示范园365个，热区农业产业化经营呈现出蓬勃发展的强劲势头，农业产业化水平明显提高，尤其是农垦企业对热区经济发展带动明显。海南农垦、云南农垦、广东农垦积极拓展海外天然橡胶、香蕉、油棕市场，发展境外种植基地，收购境外加工厂，在境外逐步建立起完整的产业链条。随着"一带一路"倡议的推进，广东、广西、福建、云南、海南等主要热区企业境外投资的意愿极高，尤其是广东、福建、广西、云南自由贸易试验区、海南自由贸易港、中国-东盟自贸区以及中非大陆自贸区的成立，为中国企业充分利用国内国际市场资源，参与境外投资提供了良好的平台。我国

是世界第一大天然橡胶、木薯、棕榈油进口国,热带农产品的供给缺口较大,国际竞争力还较弱。我国热区边境线约 5 000 千米,与印度、越南、缅甸、老挝等国家接壤。随着国内热区农业生产成本不断上升,热区土地资源日益偏紧,热区农业企业亟须走出去,充分利用国际市场资源,开拓境外市场。海南自贸港的建设为海南农业走出去提供了广阔的平台,海南与东盟国家农业的相似性,更便利海南省充分利用国内的资本和技术优势,在境外开展农业生产和服务,推动海南农业国际贸易的发展。

"十四五"是推进海南全省现代化关键的 5 年。当前,海南农业基础仍然薄弱,最需要加强;农村发展仍然滞后,最需要扶持;农民增收仍然困难,最需要加快。推进农业农村现代化,需要加快发展社会化服务,将现代生产要素导入小农户,提升科技水平和生产效率;更多依靠农业企业和社会化服务组织的引领,带动科技进步,加快提升现代化水平,拓展农业增值增效空间。

4.2 优势农产品区域化生产格局初步形成

县域农业是农业生产托管工作开展的主战场,厘清县域经济发展水平和农业产业发展现状,科学合理选择县域农业优势产业,是因地制宜推广农业生产托管的前提。

4.2.1 县域农业发展基本情况

根据海南省统计年鉴,海南省 2020 年耕地面积 43.62 万公顷,农作物播种面积 69.18 万公顷,复种指数 158.6;海南省乡村人口 402.20 万人,占全省年末常住人口的 39.73%;乡村从业人员 329.96 万人,占全省从业人员的 60.99%,农村仍然是海南省就业服务的主阵地,以农业生产托管为主的农业社会化服务开辟了农村创新创业、农业现代化服务的重要市场。

海南省设有 19 个市县,因三沙市设市时间较晚,统计数据缺乏,本研究对除三沙市之外的 18 个市县进行研究,其中儋州地区包括儋州市和洋浦开发区。

从各市县三大产业增加值结构看（表4-2），除三亚市、海口市第一产业比重较小外，其余16个市县第一产业比重均超过全省平均水平，其中临高县第一产业占比达到61.8%，是全省第一产业增加值占比最高的县；除东方市、昌江县、儋州地区第二产业占比较高外，其余15个市县第二产业对GDP的贡献率普遍较低；第三产业对各市县GDP的贡献率日益凸显，14个市县第三产业已成为当地第一大产业；其中海口市第三产业比重已达到80.5%，比重最低的临高县也达到32.4%，第三产业已成为海南未来经济发展的重点。

表4-2 海南各市县2020年三大产业增加值结构

项目	海南省	海口市	三亚市	五指山市	文昌市	琼海市	万宁市	定安县	屯昌县	澄迈县
第一产业（%）	20.5	4.5	11.4	21.6	34.4	32.4	30.6	36.0	35.3	26.0
第二产业（%）	19.1	15.1	16.3	20.0	20.0	13.8	21.3	16.7	12.1	23.7
第三产业（%）	60.4	80.5	72.3	58.3	45.7	53.9	48.2	47.3	52.6	50.5
人均GDP（元）	55 131	63 309	68 656	30 485	46 770	55 337	43 188	37 052	34 807	69 763
项目	临高县	儋州地区	东方市	乐东县	琼中县	保亭县	陵水县	白沙县	昌江县	
第一产业（%）	61.8	22.2	27.3	54.8	35.8	35.3	26.5	41.5	27.3	
第二产业（%）	5.8	32.5	39.8	12.5	15.4	10.7	15.7	12.3	39.8	
第三产业（%）	32.4	45.3	32.9	32.8	48.7	54.0	57.8	46.3	32.9	
人均GDP（元）	48 274	66 548	41 826	32 379	32 691	36 072	52 907	34 361	53 419	

2020年，海口、东方、儋州、文昌四市县耕地面积达到4万公顷以上，占全省总耕地面积的42.1%，其中海口48 948公顷，居全省第一。全省农业从业人员220.35万人，占乡村从业人员的67%。各市县农业从业人员比重普遍较高，其中保亭县农业从业人员比重最高，占88%，最低的万宁也达到57%，且有8个市县达到80%以上（图4-9）。可见，农业对各市县吸纳农民就业、促进农民增收起着重要的作用。

从农林牧渔总产值构成看，2020年海南省农林牧渔业总产值为1 821.02亿元，其中农业占48%、林业占7%、牧业占20%、渔业占21%、农林牧渔专业及辅助性活动占4%。从各市县来看，如图4-10所示，除临高县渔业比重远超过种植业外，其他市县农业（即农作物种植）基本都是农林牧渔总产值占比最大的产业，种植业占比最大的乐东县达到82%；林业产值比重最高的是白沙县，占当地农林牧渔业总产值的37%；牧业产值比重最高的是定安县占35%；渔业产值比重最高的是临高县占70%，农林牧渔专业及辅助性活动产值比重最高的是屯昌县占11%。

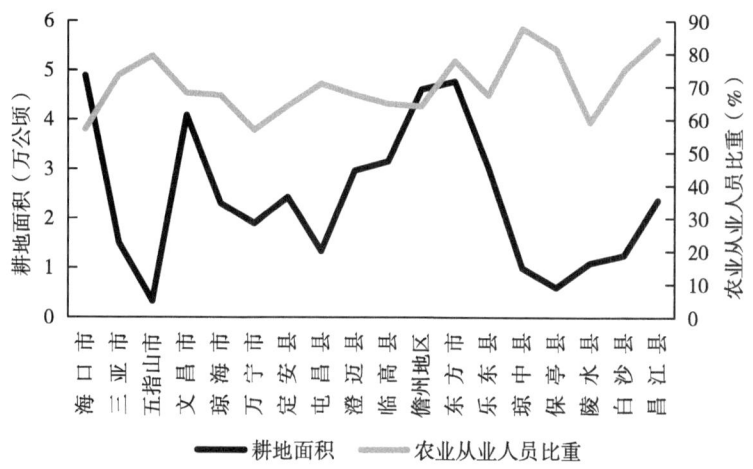

图 4-9　2020 年海南省各市县耕地面积和农业从业人员情况

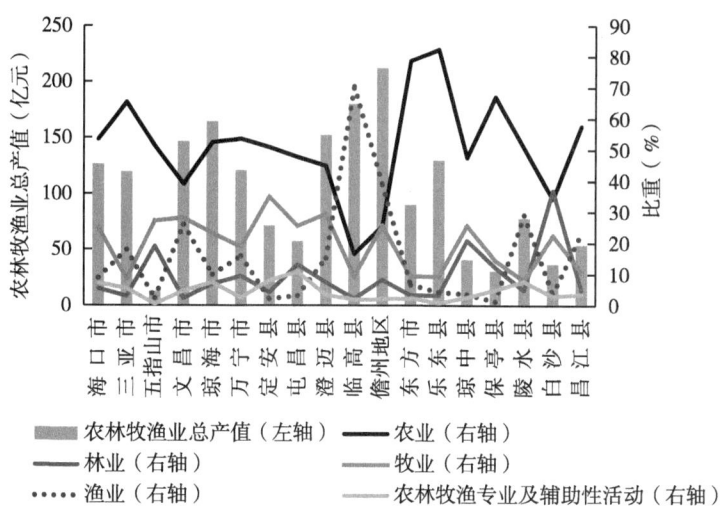

图 4-10　2020 年海南各市县农林牧渔业总产值构成

从海南全省和各市县农业产业结构来看，种植业是海南省第一大产业类型。本研究将以种植业作为重点开展海南省农业生产托管的实证研究，这与全国各地以种植业为主实施农业生产托管项目的做法一致。农业生产托管的服务内容是围绕某一种或几种农作物展开的，地区种植业的空间布局和生产结构特征对科学合理选择托管服务产品和服务内容至关重要。采用科学的方法识别各市县农业生产比较优势，进而进行合理的农业产业结构空间布局优化，对农业生产托管的实施具有导向作用。

4.2.2　县域农业生产比较优势测算

（1）研究方法

国内对农业比较优势的研究方法主要有国内资源成本法（DRCC）、综合比较优势指数法（AAI）、显性比较优势指数（RCA）和贸易竞争力指数（TC）。研究区域农产品生产方面的比较优势时，运用综合比较优势指数法较为常见。综合比较优势指数法适合于在一国范围内，不同区域之间某种产品或同一区域内不同种产品之间比较优势的比较。本研究运用综合比较优势指数对海南省主要农产品的比较优势进行测算。

综合比较优势指数包括规模优势指数、生产效率优势指数及综合优势指数，具体表达如下：

1）规模优势指数（SAI）

$$SAI_{ij} = \frac{GS_{ij}/GS_i}{GS_j/GS} \tag{1}$$

式（1）中，GS_{ij}代表i区j种农产品种植面积或养殖规模，GS_i代表i区全部农产品种植面积或养殖规模，GS_j代表高一级地区（本研究指海南省）j种农产品种植面积或养殖规模，GS代表高一级地区全部农产品种植面积或养殖规模。若$SAI_{ij}>1$，则说明该种农产品在此地区具有规模优势；反之，不具有规模优势，SAI_{ij}值越大则规模优势越强。

规模优势指数利用各市县农产品种植面积或养殖规模同全省平均面积或规模的比率来测算，各地区自然资源禀赋、农业生产政策、市场需求水平等因素都会影响当地农产品的生产规模，因此规模优势指数是这些影响因素的综合体现。

2) 效率优势指数（EAI）

$$EAI_{ij} = \frac{AP_{ij}/GP_i}{AP_j/AP} \quad (2)$$

式（2）中，AP_{ij}代表i区j种农产品单产，GP_i代表i区全部农产品平均单产，AP_j代表高一级地区全省j种农产品单产，AP代表高一级地区全省全部农产品平均单产。若$EAI_{ij}>1$，则说明该种农产品在此地区具有生产优势，反之，不具有生产效率优势，EAI_{ij}值越大则生产效率优势越强。

效率优势指数利用各市县农产品单产或畜产品水产品产量同全省的比率测算，考察该地区在该种农产品生产上的生产效率相对优势。效率优势指数主要是从资源内涵生产力的角度来反映作物的比较优势。

3) 综合比较优势指数（AAI）

$$AAI_{ij} = \sqrt{SAI_{ij} \times EAI_{ij}} \quad (3)$$

式（3）中，SAI_{ij}代表i地区j种农产品规模优势指数，EAI_{ij}代表i地区j种农产品效率比较优势指数，若$AAI_{ij}>1$，则说明该种农产品在此地区具有综合比较优势，反之，不具有综合比较优势，AAI_{ij}值越大则综合比较优势越强。$AAI>1.10$为强比较优势；$1.00 \leq AAI \leq 1.10$为弱比较优势；$0.90 \leq AAI<1.00$为弱比较劣势；$AAI<0.90$为强比较劣势。

综合优势指数是效率优势指数与规模优势指数的综合结果，能够更为全面地反映一个地区某种农产品生产的优势度。综合比较优势指数法不仅可以用来测算种植业产品的综合比较优势，还可以用于畜产品、水产品比较优势的测算。测算畜产品比较优势时，采用养殖数量计算规模优势，采用产量比重计算效率优势指数，综合考虑养殖数量和产量计算综合比较优势。测算水产品比较优势时，采用水产品养殖面积计算规模优势，采用产量比重计算效率优势指数，进而计算水产养殖的综合比较优势，间接得出该地区水产捕捞的比较优势。

（2）指标的选取与数据来源

海南省农产品种类繁多，不同产品生产效益差别较大，为了更合理地测算不同农产品的比较优势，同时对照国内农业生产托管服务的主要农产品种类，本研究选择种植业进行比较优势测算。具体细分为大田作物、热带作物、热带水果。其中，大田作物包括粮食作物、油料、甘蔗、蔬菜、瓜类；热带作物包括橡胶、槟榔、咖啡、腰果、剑麻、胡椒、益智、砂仁、椰子；热带水果包括菠萝、荔枝、柑橘橙柚、香蕉、龙眼、芒果。

本研究选取海南生产规模较大、有地方特色的主要农产品作为比较优势测算和区域布局分析的对象①。大田作物分别选取水稻、瓜菜（含蔬菜、瓜类）种植面积占大田作物的总面积比重及单产比重指标进行测算；热带作物分别选取橡胶、槟榔、胡椒种植面积占热带作物总面积比重及单产比重指标进行测算；热带水果分别选取香蕉、芒果、荔枝种植面积占热带水果总面积比重及单产比重指标进行测算。

本研究选择水稻、瓜菜、橡胶、槟榔、胡椒、香蕉、芒果、荔枝 8 种农产品作为农业生产比较优势的研究对象，分别测算各种农产品的规模优势指数、效率优势指数和综合比较优势指数。水稻、瓜菜等一年生作物采用种植面积、产量指标计算单产，橡胶、槟榔等多年生作物以收获面积代表种植规模。所有面积、产量数据均来自《海南省统计年鉴》，考虑到不同年份生产数据的波动，本研究取 2019—2020 年统计数据各指标的两年平均值作为数据来源。儋州地区包括儋州市和洋浦。

（3）测算结果

1）规模优势指数测算

从表 4-3 规模优势指数来看，保亭有 5 种农产品具有规模优势，海口、五指山、琼海、万宁、定安、琼中分别有 4 种农产品具有规模优势，三亚、屯昌、澄迈、临高、儋州地区、东方、乐东、陵水、白沙、昌江分别有 3 种农产品具有规模优势，文昌有 2 种农产品具有规模优势。具有规模优势的市县，该农产品在当地已经拥有了一定的生产规模，具备开展规模化农业社会化服务的基础。

---

① 椰子树是海南的省树，椰子是海南的重要特产之一。因海南省统计年鉴中椰子总产量以万个为统计单位，其他作物以吨为计量单位，为方便不同农产品单产数据的对比分析，此处未选取椰子测算比较优势。热带作物种植总面积包含椰子，总产量不包括椰子。

表 4-3　海南农业生产规模优势指数

地区	大田作物		热带作物			热带水果		
	水稻	瓜菜	橡胶	槟榔	胡椒	香蕉	芒果	荔枝
海口	0.95	1.06	0.46	1.70	8.04	0.93	0.00	3.89
三亚	0.97	1.31	0.75	2.32	0.00	0.05	2.35	0.02
五指山	0.90	1.13	0.91	1.02	0.16	1.70	0.43	1.36
文昌	0.91	0.90	0.14	0.71	7.41	0.39	0.01	3.88
琼海	1.28	0.89	0.73	1.63	2.87	0.74	0.01	1.89
万宁	1.29	0.94	0.76	2.07	1.49	0.26	0.03	1.54
定安	1.26	0.72	0.84	1.82	1.69	0.44	0.02	4.35
屯昌	1.13	0.85	0.99	1.63	0.07	0.74	0.08	2.49
澄迈	1.16	0.92	1.24	0.55	0.18	3.03	0.01	0.58
临高	1.40	0.69	1.38	0.00	0.01	2.42	0.01	0.79
儋州	0.92	0.74	1.36	0.00	0.04	1.80	0.10	1.26
东方	0.80	1.08	1.28	0.33	0.01	0.57	1.95	0.03
乐东	0.79	1.30	1.11	0.91	0.03	0.98	1.43	0.15
琼中	1.04	0.75	1.01	1.09	0.05	1.33	0.02	0.71
保亭	1.23	1.00	1.00	1.25	0.01	0.48	0.57	1.57
陵水	0.81	1.35	0.55	1.81	0.00	0.45	1.28	1.62
白沙	1.11	0.75	1.29	0.11	0.02	1.23	0.23	0.65
昌江	0.36	1.52	1.34	0.00	0.00	2.36	0.70	0.02

2) 效率优势指数测算

从表4-4效率优势指数来看，白沙6种农产品具有效率优势，文昌、东方、保亭分别有5种农产品具有效率优势，五指山、定安、澄迈、儋州、乐东、陵水分别有4种农产品具有效率优势，海口、临高、琼中分别有3种农产品具有效率优势，三亚、万宁、屯昌分别有2种农产品具有效率优势，琼海、昌江分别有1种农产品具有效率优势。效率优势指数一定程度上反映了各市县的农业资源禀赋差异，效率优势指数越高，说明该农产品在当地单产水平较高，可以作为当地农业经济效益提升的重点产业。

表 4-4　海南农业生产效率优势指数

地区	大田作物		热带作物			热带水果		
	水稻	瓜菜	橡胶	槟榔	胡椒	香蕉	芒果	荔枝
海口	1.16	1.05	0.98	0.61	0.67	0.95	0.88	1.11
三亚	0.63	0.97	0.53	0.82	0.00	1.38	1.55	0.71
五指山	1.59	0.91	1.00	1.01	0.51	0.98	0.85	1.14
文昌	1.03	1.24	0.93	1.41	1.08	0.77	0.82	1.27
琼海	0.89	1.25	0.99	0.72	0.83	0.63	0.43	0.68
万宁	0.91	1.19	0.63	0.75	1.06	0.41	0.66	0.70
定安	1.38	1.36	0.69	0.83	0.73	1.19	0.76	1.26
屯昌	1.76	1.11	0.98	0.74	0.53	0.82	0.90	0.89
澄迈	0.99	1.04	1.09	1.38	1.06	0.66	0.69	0.44
临高	1.12	0.94	1.45	2.52	0.84	0.67	0.52	0.81
儋州	1.03	0.84	1.44	1.91	1.71	0.80	0.64	0.70
东方	0.84	0.96	1.28	1.31	3.71	1.44	1.13	0.00
乐东	0.98	0.93	0.78	1.33	1.40	1.24	1.00	1.04
琼中	1.43	0.77	1.02	0.98	1.18	0.60	0.64	0.96
保亭	1.19	1.08	0.90	0.97	0.00	1.26	1.98	1.38
陵水	0.96	0.90	1.36	0.80	0.63	1.29	1.37	1.53
白沙	1.18	0.51	1.32	1.86	1.06	0.84	1.12	1.00
昌江	0.68	0.58	1.39	0.68	0.00	0.83	0.40	0.30

3）综合优势指数测算

从表 4-5 综合优势指数来看，海口 5 种农产品具有综合优势，其中胡椒、荔枝具有强比较优势。三亚芒果、槟榔、瓜菜 3 种农产品具有综合优势，且均是强比较优势。五指山 5 种农产品具有综合优势，其中香蕉、荔枝、水稻具有强比较优势。文昌 4 种农产品具有综合优势，且胡椒、荔枝具有强比较优势。琼海 5 种农产品具有综合优势，其中胡椒、荔枝具有强比较优势。万宁 5 种农产品具有综合优势，其中胡椒、槟榔、具有强比较优势。定安荔枝、水稻、槟榔、胡椒 4 种农产品具有综合优势，且均是强比较优势。屯昌荔枝、水稻、槟榔 3 种农产品具有综合优势，且均是强比较优势。

澄迈 3 种农产品具有综合优势，其中香蕉、橡胶具有强比较优势。临高橡胶、香蕉、水稻 3 种农产品具有综合优势，且均是强比较优势。儋州橡胶、香蕉 2 种农产品具有综合优势，且均是强比较优势。东方 3 种农产品具有综合优势，其中芒果、橡胶具有强比较优势。乐东 4 种农产品具有综合优势，其中芒果具有强比较优势。琼中 3 种农产品具有综合优势，其中水稻具有强比较优势。保亭 5 种农产品具有综合优势，其中荔枝、芒果具有强比较优势。陵水 4 种农产品具有综合优势，其中荔枝、芒果、槟榔具有强比较优势。白沙 3 种农产品具有综合优势，其中水稻、橡胶具有强比较优势。昌江香蕉、橡胶 2 种农产品具有综合优势，且均是强比较优势。

表 4-5　海南农业生产综合比较优势指数

地区	大田作物		热带作物			热带水果		
	水稻	瓜菜	橡胶	槟榔	胡椒	香蕉	芒果	荔枝
海口	1.05	1.05	0.67	1.02	2.32	0.94	0.06	2.08
三亚	0.78	1.12	0.63	1.38	0.00	0.25	1.91	0.13
五指山	1.19	1.01	0.95	1.01	0.29	1.29	0.61	1.25
文昌	0.97	1.06	0.36	1.00	2.83	0.55	0.07	2.22
琼海	1.07	1.06	0.85	1.08	1.54	0.68	0.05	1.13
万宁	1.09	1.06	0.69	1.25	1.26	0.33	0.15	1.04
定安	1.32	0.99	0.76	1.23	1.11	0.72	0.13	2.34
屯昌	1.41	0.97	0.99	1.10	0.19	0.78	0.27	1.49
澄迈	1.07	0.98	1.16	0.87	0.44	1.42	0.07	0.51
临高	1.25	0.81	1.41	0.11	0.08	1.28	0.05	0.80
儋州	0.97	0.79	1.40	0.26	0.26	1.20	0.25	0.94
东方	0.82	1.02	1.28	0.66	0.15	0.90	1.48	0.00
乐东	0.88	1.10	0.93	1.10	0.19	1.10	1.19	0.40
琼中	1.22	0.76	1.01	1.03	0.24	0.90	0.13	0.82
保亭	1.21	1.04	0.95	1.10	0.00	0.78	1.06	1.47
陵水	0.88	1.10	0.86	1.20	0.04	0.77	1.33	1.57
白沙	1.15	0.62	1.30	0.46	0.14	1.01	0.51	0.81
昌江	0.49	0.94	1.36	0.06	0.00	1.40	0.53	0.07

(4) 比较优势分析（表 4-6）

表 4-6　海南主要农产品比较优势区域分布

农产品种类	综合优势指数>1	
	强优势区	弱优势区
水稻	屯昌、定安、临高、琼中、保亭、五指山、白沙	万宁、澄迈、琼海、海口、琼中、屯昌
瓜菜	三亚	乐东、陵水、文昌、琼海、万宁、海口、保亭、东方、五指山
橡胶	临高、儋州、昌江、白沙、东方、澄迈	琼中
槟榔	三亚、万宁、定安、陵水	屯昌、乐东、保亭、琼海、琼中、海口、五指山、文昌
胡椒	文昌、海口、琼海、万宁、定安	
香蕉	澄迈、昌江、五指山、临高、儋州	乐东、白沙
芒果	三亚、东方、陵水、乐东	保亭
荔枝	定安、文昌、海口、陵水、屯昌、保亭、五指山、琼海	万宁

注：按数值由大到小排列。

水稻优势产区：水稻在全省 13 个市县具有比较优势，强优势区主要位于中部山区，屯昌、定安、临高、琼中、保亭、五指山、白沙等 7 个市县种植水稻具有强比较优势。常规水稻和山兰稻米是海南中部山区的主要粮食作物，经过多年在中部山区开展优质特种稻品种筛选和栽培技术改良，中部山区已经摸索出水稻高产高效栽培技术方案，其中白沙县"山兰稻"种植及系列产品开发已成为助力当地脱贫的生态产业。

瓜菜优势产区：海南是全国冬季重要的"菜篮子"，瓜菜在全省 10 个市县具有比较优势，其中南部三亚是瓜菜的强优势区，弱优势区主要集中在东部的沿海市县。东部沿海地区具有交通便利、消费人群较大、旅游市场发达的特点，蔬菜消耗量大，且海南省内生鲜农产品主要以出岛供应为主，便利的交通条件便于蔬菜物流运输。

橡胶优势生产区：集中在中西部地区，临高、儋州、昌江、白沙、东方、澄迈是强优势区。橡胶生产受台风等自然灾害影响较大，近年来随着海南省农业生产结构调整，橡胶种植逐渐转移到风害较小的地区，东部沿海逐渐退出橡胶种植。

槟榔优势生产区：主要集中在东中部地区，三亚、万宁、定安、陵水是强优势区。槟榔是海南的特色作物，是海南经济效益最高的热带作物。海南东部是槟榔的传统种植区，种植历史悠久，槟榔加工企业主要集中在东部。但近年来随着槟榔黄化病的蔓延，槟榔种植开始往中西部转移。西部地区发展槟榔历史较短，种植还较分散，生产规模较小，产业效益还不显著。

胡椒优势生产区：主要集中在文昌、海口、琼海、万宁、定安，且都是强优势区。胡椒是海南特色香辛饮料作物，全国85%的胡椒生产在海南。近年来胡椒的经济效益向好，胡椒种植的规模不断扩大。

香蕉优势生产区：主要集中在中西部地区。东部香蕉传统种植区由于香蕉枯萎病害较严重且台风影响较大，已经不具备显著生产优势。

芒果优势生产区：主要集中在东部地区。三亚是海南第一大芒果产区，芒果产业链完整，生产经营主体多，且规模较大，"三亚芒果"成为最受消费者认可的区域品牌之一，并荣登区域品牌（地理标志产品）前100排行榜。在三亚芒果产业的带动下，三亚周边地区形成了海南省芒果优势生产区。

荔枝优势生产区：荔枝在全省9个市县具有比较优势，主要集中在东中部地区，且大部分地区为强优势区。海南荔枝种植环境优越，品种众多，上市期早，与国内其他荔枝产区错峰上市，具有较强的市场竞争优势。

"十三五"以来，海南省深入推进农业供给侧结构性改革，优势农产品生产日益向优势区域集聚，优势农产品区域化生产格局初步形成。大田作物、热带作物、热带水果等农产品优势产业带动明显，为开展以农业生产托管为主的农业社会化服务坚持需求导向、聚焦当地主导产品开展托管服务提供了选择依据。统筹农业产业空间布局，科学推进农业生产托管服务，并突出服务体系和网络作用，有利于形成"大分散、小集中"的网络结点式发展格局。

4.3 农业生产托管为保障粮食安全提供新突破

洪范八政，食为政首。以习近平同志为核心的党中央始终高度重视粮食安全，把解决好14亿中国人口的吃饭问题作为治国理政头等大事来抓。党的十九大报告提出"确保国家粮食安全，把中国人的饭碗牢牢端在自己手中"。党的十九届五中全会提出打造保障国家粮食安全的"压舱石"，深入实施藏粮于地、藏粮于技战略。习近平总书记在2021年中央农村工作会议上强调，牢牢守住保障国家粮食安全和不发生规模性返贫两条底线，保证粮食安全，要有合理布局，主产区、主销区、产销平衡区都要保面积、保产量。新冠肺炎疫情全球大流行，国际农产品市场供给不确定性增加，必须以稳定国内粮食生产来应对国际形势变化带来的不确定性。食为政首，地为粮本。耕地是粮食安全的命根子，稳住粮食安全这个压舱石，说到底是要稳住耕地。国务院办公厅2020年11月印发的《关于防止耕地"非粮化"稳定粮食生产的意见》指出，坚决防止耕地"非粮化"倾向，要将有限的耕地资源优先用于粮食生产，主产区要巩固提升粮食综合生产能力，产销平衡区和主销区要保持应有的自给率，有序引导工商资本下乡从事良种繁育、粮食加工流通和粮食生产专业化社会化服务等。当前，国内部分地区出现耕地"非农化""非粮化"倾向，这些问题如果任其发展，将影响国家粮食安全。粮食安全涉及粮食生产、流通、消费三大领域，但粮食安全问题更重要的不是流通问题，不是消费问题，而是粮食生产问题。进一步地，粮食生产决定于粮食生产能力，粮食安全最终是粮食综合生产能力问题。

保障粮食安全客观上要求提高土地利用效率。理论和实践证明，农业生产托管可以有效提高土地利用率，促进土地"趋粮化"，是解决"谁来种地""如何种地"问题、实现农业规模经营的重要途径。农业生产托管能够成为粮食持续增产提质的实现路径有着内在的理论逻辑（芦千文和苑鹏，2021）。农业生产托管机制诱导服务主体自觉做出采纳集约高效绿色生产方式的行为决策，实现了农事管理的集聚化和专业化，以优质服务+"放心"机制，把增产提质内化为农民种粮逻辑；以专业农事管理弥补农民种粮能力的退化和断层，以增加收益维持和增强种粮意愿；以托管业务的整合性、开放性推动细碎耕地整治、撂荒耕地利用，实现"藏粮于地、藏粮于技"有机统一。

海南是粮食主销区，粮食自给率低，粮食产量总体呈下降趋势。2020年，海南省粮食产量145.4万吨，比2019年增长0.3%，较2010年减少

21.2万吨，人均粮食产量逐年下降。从1988年建省以来粮食作物播种面积占农作物总播种面积比重来看（图4-11），粮食作物播种面积呈现不断下降趋势，粮食作物比重自1990年高峰值（77.7%）以来逐年下降，2020年降到历史最低值，仅占农作物总播种面积的39.1%。海南省粮食作物以水稻为主，按照全国粮食生产功能区划定的要求，海南省划定水稻生产功能区150万亩。影响全省粮食产量下降的因素主要表现在4个方面：一是耕地减少；二是农业产业结构调整使粮食作物种植面积减少；三是粮食作物比较效益较低使农民种粮积极性受挫，产生土地撂荒、管理水平降低等问题；四是粮食单产增长速度减缓，农业科技投入不高。近年海南省耕地撂荒和耕地"非粮化"问题严重，加大了粮食安全省长责任制的压力，亟待通过提高土地利用率和发展适度规模经营来提高种粮农民的积极性。当前，海南省通过土地流转扩大耕作面积提高农产品自给率的瓶颈约束越来越多，大力推进农业生产托管为主的农业社会化服务，促进托管向粮食作物聚焦，增加粮食供给，为提高海南省粮食自给率水平提供了一个新的突破口。

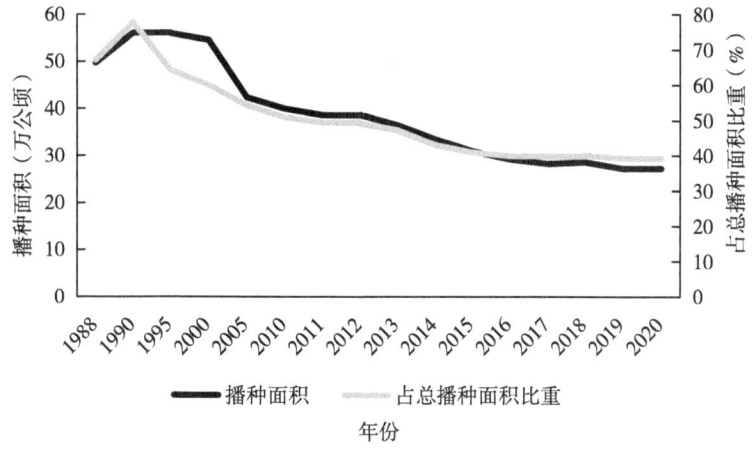

图4-11 海南省历年粮食作物播种面积及占农作物总播种面积比重

4.4 农业生产托管是盘活撂荒土地的有效途径

耕地是农民赖以生存的基本资源，保持农业可持续发展首先要确保耕地的数量和质量。2021年1月，农业农村部印发《关于统筹利用撂荒地促进农业生产发展的指导意见》，要求各级农业农村部门要充分认识遏制耕地撂荒的重要性和紧迫性，落实粮食安全党政同责要求，有效遏制耕地撂荒，充分挖掘保供潜力，有序推进撂荒地利用。当前，耕地撂荒现象在海南省比较突出。海南省政协第七届第一次会议（2018年）和第二次会议（2019年）分别收到关于解决农村撂荒地问题建议的政协提案。2017年11月，海南省政府办公厅出台了《海南省恢复撂荒地生产实施方案》（琼府办〔2017〕165号），计划通过大力开展撂荒地地力提升行动，改善和提升撂荒地综合生产能力，发挥新型经营主体的带头作用，因地制宜发展特色产业等举措，自2017年起，用3年时间，完成全省23.9万亩撂荒地恢复生产任务。2018年印发了《海南省农业厅关于印发2018年撂荒地恢复生产工作方案的通知》（琼农字〔2018〕83号）；2019年印发了《海南省农业农村厅关于进一步推进2019年撂荒地恢复生产工作的指导意见》（琼农字〔2019〕44号）；2020年印发了《海南省农业农村厅办公室关于印发海南省2020年撂荒地复耕补贴资金实施方案的通知》（琼农办〔2020〕203号），制定了2017—2019年撂荒地恢复生产计划和2017—2019年全省复垦清单，将任务分解到各市县实施，同时安排专项资金用于撂荒地复耕复种补贴资金，积极引导撂荒耕地复耕复种，提高土地利用率。

在撂荒地地力提升行动的支持下，海南省耕地撂荒现象有了明显遏制，但仍然较严重。根据海南省农业农村厅统计[①]，截至2020年6月，全省耕地撂荒面积约14.00万亩，占总耕地面积的2.13%。其中，撂荒面积超过万亩的有6个市县；撂荒2年及以上的耕地面积为12.49万亩，占撂荒耕地总面积的89.2%；撂荒面积20亩以上的有7.25万亩，占撂荒耕地总面积的51.8%。全省撂荒地涉及217个乡镇、1 332个村委会、52 513个农户。究其原因，主要包括6个方面：基础设施条件差或交通不便等原因造成撂荒的，占撂荒耕地总面积的47.89%；因生产效益低下弃耕撂荒的，占21.2%；因劳动力缺乏撂荒的，占10.49%；因环境和地力较差撂荒的，占

---

① 引自《我省撂荒地面积约14万亩 四方面因素亟须关注》，海南省人民政府办公厅2020年6月24日《海南信息》（第61期）。

12.09%；因缺技术、市场信息等因素撂荒的，占 6.45%；因土地纠纷、预征收、畜禽破坏、工程竣工后未恢复等社会原因撂荒的，占 1.87%。南海网海南新闻记者于 2022 年 1 月分别对海口 4 个区的撂荒地复耕情况进行了走访调查①，记者发现，各区目前都在尝试通过成立村集体企业或引入专业农业公司，以流转利用方式盘活撂荒地资源，但各区也仍有面积不等的耕地未复耕，仍处于撂荒状态，全市撂荒地底数不清的问题仍存在。

针对各地撂荒地复耕问题，海南省相关市县虽均已制定相关措施，但如何彻底解决撂荒地复耕难题，确保复耕模式持久运营，仍需要各方努力思考。目前海南省主要是通过发挥新型经营主体的带头作用、依法有序推进撂荒地经营权流转、因地制宜发展特色产业等举措改善和提升撂荒地综合生产能力。推进土地流转集中并实现规模经营，是国家相关政策的基本方向。在顶层设计的指导下，地方政府积极推动土地流转，有力地推动了农业适度规模经营。土地流转既有利于农业产业结构调整和农业规模化经营，同时也有利于农村剩余劳动力转移和农民增收。但是土地流转面临的制约越来越多，诸如农户参与不积极、流转期限短、非粮化经营突出、流转权属不清、流转效率低下、破坏乡村和谐等一系列问题。土地流转与农业生产托管之间并非不相容的排斥关系，而是相互促进的关系。中国政府在推动农业规模经营的实践中逐渐优化政策思路，最终确立了多种形式适度规模经营的发展方向。农业生产托管也可以在土地流转集中的基础上更好地发挥农业服务的规模效应。因此，农业生产托管也应成为推动海南省撂荒地复耕的重要经营方式。农业生产托管可以有效地破解海南省土地撂荒主要因素，并且可以与土地流转相结合，实现农业规模经营。相比全省耕地面积，撂荒面积虽然占比不大，但对于海南省农业现代化发展却起着至关重要的作用。合理利用撂荒地，使土地变资产，荒地变资源，对提高全省土地利用效率和推进农业产业发展起着很好的示范引领作用。14 万亩撂荒地为海南省进一步推进农业生产托管、提高粮食和重要农副产品保障水平提供了发展空间。广东省于 2021 年通过生产托管促进撂荒地复耕种粮 10.7 万亩的成功经验可以为海南省提供借鉴。

---

① 引自《新海南调查：海口撂荒地还有多少未复耕？如何解决？》

4.5　海南农业现代化需要同步提升农业服务现代化

西奥多·W. 舒尔茨（2013）在《改造传统农业》中提出发展中国家改造传统农业的关键途径是用现代生产要素对传统生产要素进行替代，从而实现农业现代化。习近平总书记指出，全面建设社会主义现代化国家，实现中华民族伟大复兴，最艰巨最繁重的任务依然在农村，最广泛最深厚的基础依然在农村。没有农业现代化，没有农村繁荣富强，没有农民安居乐业，国家现代化是不完整、不全面、不牢固的。同快速推进的工业化、信息化、城镇化相比，我国农业农村现代化还明显跟不上，"一条腿长、一条腿短"问题比较突出。同全国农业现代化发展进程相比，海南省农业现代化还面临着诸多考验。《海南省"十四五"推进农业农村现代化发展规划》指出，"十四五"期间，"谁来种地"问题更加尖锐。随着海南自由贸易港建设的全面推进，新兴产业涌现，城镇化加速，农村青壮年劳动力不断向城市和非农产业转移，农户兼业化、村庄空心化、人口老龄化趋势日益明显，培育新型农村经营主体、创新农业经营体系日益迫切。

当前，海南省农业现代化发展与国内其他省份有着共性问题。一是劳动力后备资源不足，从业人员总量规模下降，新生代农业人口萎缩；农业从业人员年龄结构不合理，老龄化倾向明显；农业经营主体缺乏高端人才，技术革新难以有实质性突破，同质化竞争严重。二是农业生产成本较高，农业用工成本上升，劳动力成本刚性上涨，农用生产资料价格持续上涨，使农业的比较效益更加弱化；用地成本极高，土地流转费用偏高，土地老化现象严重，修复成本较高。三是传统农业仍大量存在，经营管理不够细致，难以通过管理出效益；相对分散经营的生产模式，与当前集约化生产的发展方向尚有距离。四是农业科技发展不平衡，农业耕作机械化、种植专业化、生产规模化、农技服务社会化水平还有待提升。此外，海南省农业自身仍然存在诸多短板和弱项。热带高温高湿带来病虫害发生率较高，台风等自然灾害造成农业生产直接经济损失较大。农业基础依然薄弱，农田基础设施整体水平和主要农作物耕种收综合机械化率均大幅低于全国平均水平，热带农业科技创新应用能力依然较弱;产业多而不强,加工产值与农业总产值之比为0.23∶1,远远低于全国2.3∶1平均水平;耕地质量下降问题较为突出,一等地仅占5.2%[①]。

但是,海南省农业现代化发展仍然取得了显著成就。海南省新型农业经营主体、农业基地化、农业园区化发展提速。据海南省工商局统计,2007年《农民专业合作社法》实施前,海南省农民专业合作社数量仅250多家,"十三五"期间共培育家庭农场1 500家,农民专业合作社16 000多家,其中创建联合社16家,入股资金总额约367亿元,入社农户64万多户,带动农户数62万多户。新型农业经营主体的壮大显著提高了农民组织化程度。"十三五"期间共培育省级热作标准化生产示范园超过294家。2015—2020年累计认定省级现代农业产业园104家(表4-7)。截至2021年底,3家产业园通过认定国家级现代农业产业园,分别是陵水国家现代农业产业园、三亚市崖州区现代农业产业园和儋州市现代农业产业园。农业农村部、财政部、国家发展改革委公布2021年农业现代化示范区创建100个县(市、区)名单中,三亚市崖州区入选全国第一批创建国家农业现代化示范区名单。农业基地化园区化加速了土地的整合和农业产业化发展,为农业生产托管服务规模经营创造了强有力的条件。

表4-7 海南省国家级和省级现代农业产业园名录

序号	产业园名称	序号	产业园名称
1	陵水润达现代农业产业园	9	文昌周勤富罗非鱼养殖产业园
2	海口潭牛文昌鸡产业园	10	文昌春光食品产业园
3	海口柏盈兰花产业园	11	三亚亚龙湾国际玫瑰谷
4	海南罗牛山农产品加工产业园	12	海口莲雾标准化产业园(云龙金德丰基地、三江豪福江基地)
5	陵水广陵南繁科技产业园	13	琼海龙寿洋万亩田野公园
6	海口万亩蔬菜产业园(马坡洋广地基地、新发地基地)	14	临高天地人香蕉产业园
7	白沙绿茶栽培标准化产业园	15	三亚兰花世界
8	海口荣丰热带花卉产业园	16	海口椰乡世外桃源休闲农业产业园

① 引自《海南省"十四五"农业农村发展规划》。

(续表)

序号	产业园名称	序号	产业园名称
17	琼中万亩绿橙产业园（湾岭镇南久村瑞果丰绿橙基地、种苗繁育基地、湾岭镇新平村华裕基地）	49	临高深水抗风浪网箱养殖产业园（海丰基地、昌盛基地）
18	文昌传味文昌鸡产业园	50	屯昌梦幻香山产业园
19	屯昌龙健黑猪产业园	51	陵水雷丰芒果标准化产业园
20	琼海大甲山地生态循环农业产业园	52	昌江王品哈密瓜产业园
21	海南海尚种苗文昌培育产业园	53	琼中种桑养蚕产业园
22	海口康馥纳热带芳樟树种植产业园	54	农垦蓝洋农场现代农业产业园
23	屯昌明球动植物循环生态园	55	桂林洋国家热带农业公园
24	陵水万裕深水网箱养殖产业园	56	海口三角梅高新技术产业园
25	海垦优质茶业产业园（琼中乌石基地）	57	三亚南鹿现代农业产业园
26	白沙五里路有机茶产业园	58	文昌瑞峰罗非鱼和黑鳗淡水养殖产业园
27	昌江玉绿宝山猪养殖产业园	59	儋州大皇岭现代农业产业园
28	澄迈万亩优质无核荔枝产业园（陆侨基地）	60	澄迈洪安蜜柚产业园
29	陵水鲁宏荔枝产业园	61	万宁雅利食用槟榔产业园
30	澄迈万亩甘薯产业园（桥头沙土基地）	62	东方桂圆谷龙眼产业园
31	海口牧榕文昌鸡养殖产业园	63	三亚海棠湾水稻国家公园
32	东方小岭现代农业产业园	64	琼海忠锐农产品产地集配现代农业产业园
33	文昌文亭休闲农业产业园	65	澄迈福羊牧业产业园
34	儋州灵如意菌草循环产业园	66	临高华雨果品产业园
35	海口现代化生猪养殖产业园（甲子镇10万头现代化种猪场基地、旧州镇雅龙猪场基地、海南天兆循环养殖示范基地）	67	定安龙湖南科生态循环农业产业园
36	海口香树沉香产业园（海口演丰基地）	68	昌江和丰现代农业产业园
37	海口羊山金钗石斛现代农业产业园	69	保亭益智现代农业产业园
38	三亚三力源现代农业产业园	70	海口金绿果热带水果产业园
39	文昌椰子现代农业产业园	71	海口金棕榈种质资源科技产业园
40	万宁兴隆咖啡谷	72	三亚万保现代生态循环农业产业园
41	万宁后安和东澳食用槟榔产业园	73	儋州翔泰深海网箱现代农业产业园
42	东方北纬十八度果业产业园（海晟基地）	74	儋州海头地瓜现代农业产业园
43	五指山水满乡有机茶产业园	75	文昌景达恒畜牧养殖产业园
44	五指山优遁草产业园	76	东方容益光伏农业现代产业园
45	乐东万钟现代农业产业园	77	东方上彩热带花卉产业园
46	澄迈翔泰渔业水产品深加工产业园	78	东方中正对虾种业产业园
47	澄迈火山岩富硒茶产业园	79	定安新竹南华综合生态养殖产业园
48	澄迈海胶乐香油茶产业园	80	澄迈福山咖啡现代农业产业园

(续表)

序号	产业园名称	序号	产业园名称
81	澄迈通威水产食品产业园	93	东方南繁水稻制种现代农业产业园
82	昌江美滋泉现代农业产业园	94	东方富山莲雾现代农业产业园
83	乐东高明火龙果现代农业产业园	95	澄迈县金棕榈特色景观植物产业园
84	陵水景鹏现代农业产业园	96	澄迈华联社（瑞溪）现代农业产业园
85	琼中大地竹狸养殖产业园	97	定安南国健康食品生态产业园
86	海垦胡椒现代农业产业园	98	临高县跃锦种养循环产业园
87	三亚大茅远洋生态村现代农业产业园	99	昌江欧兰德毛豆和南繁产业园
88	琼海世界热带水果之窗现代农业产业园	100	昌江南疆对虾育种现代产业园
89	三亚万橡雨林现代农业产业园	101	海垦南金农场菠萝蜜现代农业产业园
90	儋州金通火龙果产业园	102	海垦红明红荔枝现代农业产业园
91	海口油茶良种示范林产业园	103	白沙县细水湾竹产业园
92	文昌市璟益红米产业园	104	海垦文昌东路农场东妃荔枝产业园

注：根据海南省农业农村厅网站信息整理。

农业规模经营是实现农业现代化的必经之路，农业服务业正成为现代农业发展的新引擎。海南新型农业经营主体力量不断壮大，农业基地化园区化加速，推行近20年的农村土地经营权流转政策有效推动了土地集中连片经营，为服务规模化经营提供了潜在的巨大需求。"十四五"时期海南将打造千亿级热带特色高效农业，打造一批热带特色高效农业重点建设工程，包括农业产业园区、农产品市场、重点渔港、全球动植物种质资源引进中转基地等。海南农业现代化需要同步提升农业服务现代化，以农业生产托管为主的农业生产性服务业的发展将大大助力海南农业现代化。

4.6 新发展阶段机遇与挑战并存

"十四五"时期是开启全面建设社会主义现代化国家新征程、向第二个百年奋斗目标进军的第一个五年，是实现巩固拓展脱贫攻坚成果同乡村振兴有效衔接、加快农业农村现代化的关键时期，也是海南省高质量高标准建设中国特色自由贸易港、推进全省现代化的关键5年。

"十四五"时期，中国特色自由贸易港建设全面启动，自由贸易港的建设既为海南农业农村现代化带来千载难逢的历史机遇，也带来前所未有的巨大挑战。从机遇来看，海南省农业农村发展将处于重要窗口期和加速发展期。

推进农业农村现代化具有诸多有利条件。一是"三农"工作受到高度重视。"十四五"时期"三农"工作重心转向全面推进乡村振兴，农业农村领域成为政策高地，资金投入和政策支持力度不断加大。海南省委、省政府紧紧围绕"三区一中心"（全面深化改革开放试验区、国家生态文明试验区、国际旅游消费中心、国家重大战略服务保障区）战略定位，把"三农"作为自由贸易港建设的基础性工作，作出具体部署，政策措施更加有力，工作合力不断增强。二是依托海南自由贸易港政策优势，农业科技要素加快汇聚，自主创新能力加速提升，农业创新驱动和转型升级提速，更多热带农业人才和技术向海南集聚。三是海南热带农业对外开放进程加快，农业国际合作加快推进，热带农业全产业链在全球热区的配置能力提升，推动海南省成为全球热带农业中心。从挑战来看，当今世界百年未有之大变局加速演进，国际环境错综复杂，新冠肺炎疫情影响广泛深远，不稳定性不确定性明显增加。在各类风险挑战叠加的严峻形势下，推动海南省农业农村现代化仍然面临诸多考验。一是海南省自由贸易港建设具有独特的农业性质。约80%的土地在农村，60%的户籍人口是农民，20%的GDP来自农业，这就决定了农村是海南自由贸易港建设的重要组成部分，农民是参与自由贸易港建设的重要力量，农业是必须做优做强的主导产业。如何实现农业农村现代化和可持续发展关乎海南自由贸易港建设的成败。二是农产品竞争压力更加明显。在"零关税"和"低税率"政策背景下，贸易投资更加自由化便利化，国际市场的波动性将更加广泛，国际市场与国内市场的联动性更强，市场传导将对海南省农业造成冲击。三是海南农业基础较薄弱。海南农业发展依然存在产业布局不合理，产业结构单一、产业链不完整，产业效益差、科技含量低、科技支撑服务体系不健全等诸多问题。海南农业"大而不强"的问题亟待改善。

全面实施乡村振兴战略，加快推进农业农村发展，要立足新发展阶段，谋划好海南自由贸易港建设背景下海南特色的农业农村现代化之路。《海南自由贸易港法》提出，国家支持海南自由贸易港建设开放型生态型服务型产业体系，积极发展旅游业、现代服务业、高新技术产业以及热带特色高效农业等重点产业。海南自由贸易港建设，赋予海南更大改革自主权，以高水平开放带动改革全面深化。随着海南自由贸易港建设的推进，在农业开放市场条件下，农户参与社会分工的程度会日益加深，农户生产性服务外包需求日益旺盛，更多的国内外农业服务组织进入海南市场，为农业社会化服务市场的形成提供了良好的环境和发展条件。但是，农村劳动力老龄化、分散经营、组织化程度不高的问题是制约农户和其他农业生产者参与社会分工的重要因素。海南省农业新型经营主体比较薄弱，在工商部门注册的农民合作社尽管有14 879家，但运行良好的不多，出现空壳合作社现象，集约化经营1 000亩以上的仅247个；海南省仅有国家级农业龙头企业15家、省级龙头企业162家，不足全国总数的1%，而且规模较小，年销售额超过50亿元的仅2家、超过10亿元的仅4家，数量和质量都与"王牌"产业的要求有较大差距[①]。农业组织化程度低，影响了海南农村耕地和生产者联合的整合力度。农民是参与自由贸易港建设的重要力量，农业是必须做优做强的主导产业。在机遇与挑战并存的情况下，加快构建以农业生产托管为主要内容的农业社会化服务体系将助力国家热带农业科学中心、南繁科技城、全球动植物种质资源引进中转基地和海南热带高效农业发展。

实现小农户与现代农业发展的有机衔接，是中国探索农业现代化道路长期面临的重大问题。发展多种形式适度规模经营，是增加农民收入、提高农业竞争力的有效途径，是建设现代农业的前进方向和必由之路。实践证明，加快发展农业生产性服务业，大力推进农业生产托管，是解决这一问题的重要路径。农业生产托管是现代农业经营模式的重大创新，已成为现代农业发展的新动能。热带特色高效农业是海南省确定的"3+1"现代产业体系之一。海南农业基础地位在巩固，优势农产品区域布局逐步形成，农业生产托管是保障粮食安全和盘活撂荒土地的实现路径之一，发展以农业生产托管为主的农业生产性服务业是完全可行的，也是推进海南农业现代化的内在要求。农业农村部2021年批复海口市琼山区和五田家控股有限公司为全国农业社会化服务创新试点县和试点组织。随着海南自由贸易港建设推进，市场开放程度更高，农户生产经营活动卷入外部分工以及社会化分工有了更大可能，为培育和完善农业生产托管服务市场提供新机遇。

---

① 引自2018年政协第七届海南省委员会第一次会议提案《关于解决我省农村耕地撂荒问题的建议》（提案编号：0302）。

第五章
海南省农业生产托管需求主体调研

为了深入了解海南省农业生产托管发展现状，摸清各市场主体的需求，推动托管服务市场有效发展，降低市场失灵风险，研究团队于2020年7—10月对海南省农业生产托管需求主体、供给主体和相关政府机构进行了实地调研。

按照《农业部办公厅、财政部办公厅关于支持农业生产社会化服务工作的通知》（农办财〔2017〕41号）的要求，农业生产托管服务对象要进一步突出小农户，着力解决农业生产重点领域和关键环节存在的问题，着力解决普通农户依靠自己力量办不了、办不好的难题。海南基层实践中将"农业生产托管"称为"土地托管"，因此问卷调查采用"土地托管"代指"农业生产托管"。研究团队设计了农户农业土地托管意愿及政策认知调查问卷，包括家庭基本情况、家庭生产经营情况、土地托管的政策认知和实施情况4个方面，并在问卷填写开始前对土地托管的概念、运作模式、政策扶持及与土地流转的差异做了说明，帮助调研对象更好地理解问卷设计。2020年7—9月赴海南省儋州市（不含洋浦）、白沙县、文昌市进行了农户托管需求调查，共收回有效问卷306份，其中儋州覆盖全部乡镇收回247份，白沙和文昌共59份（调查问卷见附录）。本研究以儋州样本数据为重点展开分析。

5.1 社会经济基本情况比较

根据海南统计年鉴2020年数据（表5-1），儋州、文昌、白沙三市县第一产业增加值比重分别为38.7%、34.4%和41.5%，均远远高于全省平均水平 20.5%，第一产业增加值略低于第三产业，是当地的主导产业。从人口结构看，儋州、文昌、白沙三市县 2020 年末乡村人口占比分别为 67.8%、53.4% 和 76.1%，远高于全省平均水平 44.6%。从人均 GDP 来看，三市县人均 GDP 和城乡居民人均可支配收入均低于全省平均水平，其中白沙县是海南省唯一的深度贫困县，于 2020 年实现脱贫摘帽。调研选取的 3 个市县均是传统农业县，乡村人口比重大，农业收入是当地农户的重要经济来源。

表 5-1　三市县社会经济基本情况（2020 年）

| 地区 | GDP（亿元） | 产业结构（%） | | | 人均GDP（元） | 城乡居民人均可支配收入（元） | 人均可支配收入 | | 城镇人口比例（%） | 乡村人口比例（%） |
		第一产业	第二产业	第三产业			城镇常住居民（元）	农村常住居民（元）		
儋州	359.41	38.7	8.9	52.5	41 002	26 381	35 150	16 818	32.2	67.8
文昌	263.50	34.4	20.0	45.7	46 770	27 089	36 534	17 316	46.6	53.4
白沙	56.85	41.5	12.3	46.3	34 361	20 206	31 956	13 978	23.9	76.1
全省	5 532.39	20.5	19.1	60.4	55 131	27 904	37 097	16 279	55.4	44.6

从农业内部结构来看（表 5-2），2020 年儋州市农林牧渔业总产值 207.32 亿元，居海南省 18 个市县（三沙市未统计）之首，占全省农林牧渔总产值的 11.4%；耕地面积 44 887 公顷，居海南省第二，仅次于海口市；农作物总播种面积 49 738 公顷，居海南省第六，农业从业人员占乡村从业人口的 65.6%。儋州市耕地面积广而播种面积较低，一定程度上说明儋州市土地利用效率较低，全省土地撂荒情况调查数据也证实了儋州土地存在较多的撂荒闲置。儋州市渔业、农业、牧业均对农林牧渔业总产值贡献较高，尤其是渔业、牧业单位产品经济价值较高，说明儋州市农业产业经济效益较好，热带特色高效农业被列为儋州市委市政府着力打造的海南热带农业王牌。

文昌市农林牧渔业总产值 146.52 亿元，占全省的 8.0%，居全省第五；耕地面积 40 863 公顷，居全省第四；农作物播种面积居全省第五，农业从业人员比重高于全省平均水平；农林牧渔业总产值构成中，农业比重占 39.1%，超过牧业、渔业、林业。

白沙市耕地面积、农作物播种面积在全省排名均靠后，2020 年农林牧渔业总产值 37.03 亿元，居全省末位，农业从业人员比例达 74.8%，远高于全省平均水平。白沙县于 2020 年正式实现脱贫摘帽，如何实现巩固脱贫攻坚成果同乡村振兴有效衔接，防止返贫致贫，千方百计增加农民收入，增强农业效益，是白沙县在脱贫攻坚决胜后 5 年过渡期内亟待解决的问题。

表 5-2　三市县农林牧渔业总产值（2020 年）

地区	农林牧渔业总产值（亿元）	农业（%）	林业（%）	牧业（%）	渔业（%）	农林牧渔专业及辅助性活动（%）	耕地面积（公顷）	农作物总播种面积（公顷）	农业从业人员比例（%）
儋州	207.32	25.9	8.4	25.9	37.7	2.2	44 887	49 738	65.6
文昌	146.52	39.1	2.2	28.1	25.9	4.7	40 863	54 798	68.0
白沙	37.03	34.2	36.9	22.3	3.6	3.0	12 544	12 419	74.8
全省	1 821.02	48.0	6.7	19.6	21.5	4.2	436 152	691 794	66.8

5.2　儋州市农业生产托管需求调研

5.2.1　调研基本情况

儋州市（不含洋浦）位于海南岛西北部，西和北濒临北部湾，东邻临高和澄迈，南至东南靠琼中和白沙，西南与昌江接壤。全市陆地面积 3 398 千米^2，约占全省的 1/10；海岸线 307 千米，约占全省的 1/6，在全省市县中土地面积最大、海岸线最长。辖有 16 个镇、292 个村（居）委会，4 个地方国营农场，1 个地方国营林场；市政府驻地在那大镇。2014 年 12 月确定为海南省唯一国家新型城镇化综合试点市；2015 年 2 月 19 日国务院正式批准成立地级市，省委省政府也明确提出把儋州建设成为带动周边、辐射西部的区域中心城市；2017 年初，《北部湾城市群发展规划》确定儋州为面向东盟开放合作的重要节点城市。

儋州市种植业以粮油糖、瓜菜、热带水果和热带经济作物四大产业为主，畜牧业以生猪、儋州鸡、跑海鸭、肉牛、黑山羊养殖为特色，渔业以海水养殖和远洋捕捞为主。2020年,儋州市农林牧渔业总产值207.32亿元,占全省的11.4%,居全省第一,较2019年增长6%;热带作物种植面积86 404公顷,居全省第一,其中天然橡胶84 820公顷,居全省第一;甘蔗5 957公顷,居全省第一;番薯4 779公顷,居全省第二;生猪年末存栏量39.02万头,是全省最大的生猪养殖市县。儋州市现有1个以天然橡胶为主的国家现代农业产业园,儋州灵如意菌草循环产业园、农垦蓝洋农场现代农业产业园、儋州大皇岭现代农业产业园、儋州翔泰深海网箱现代农业产业园、儋州海头地瓜现代农业产业园、儋州金通火龙果产业园等6个产业园被认定为省级现代农业产业园。近年来儋州市热带特色高效农业不断做大做强,推动农业规模化、产业化、品牌化发展。

海南省自2017年在中央财政农业生产发展资金的支持下,开展农业生产社会化服务项目试点工作。儋州市于2018年和2020年作为海南省农业生产社会化服务项目试点,开展农业生产托管的试点服务面积3.3万亩,分配财政资金360万元。儋州市农业农村局于2019年制定了《儋州市农业生产社会化服务项目实施方案》(简称《方案》),重点扶持农村集体经济组织、专业化农业服务组织、服务型农民合作社等服务主体针对农业生产过程中耕、种、防、收4个主要环节,提供统一的专业化、规模化全程或单项托管服务等。补助标准原则上上级下达的财政资金补助占服务价格的比例不超过30%,单季作物各环节补助总和不超过100元/亩。重点对水稻种植、冬季瓜菜、热带水果和热带经济作物等的生产托管服务进行补助,其中机耕每亩补助30元,机插每亩补助25元,机防每亩补助30元,机收每亩补助30元,全程机械化每亩补助100元。儋州市试点服务面积占总耕作面积的比例较小,目前试点覆盖面还较小。

开展儋州市农业土地托管需求调研,调研对象为在农村承包土地的农户,调研样本涵盖儋州市16个乡镇共182个行政村,围绕农业土地托管政策认知和参与意愿开展深入调查,有助于推进儋州市农业生产社会化服务试点项目实施。将儋州市作为研究重点,受访者覆盖地域较广,具有代表性,对了解儋州市农业生产托管的农户总体需求具有一定的意义,调研结果对探讨海南省农业生产托管发展具有参考价值。

5.2.2 儋州市问卷调查分析

研究团队于2020年7—8月在海南省儋州市进行了农户农业土地托管需求调查,选择儋州市16个乡镇作为重点进行问卷调研,采用纸质问卷填写和问卷星在线填写两种方式,共收回有效问卷247份,其中纸质版183份,电子版64份,实地深入了解当地农业生产托管发展现状。

(1) 农户家庭经营情况分析

第一,受访者以中青年为主,平均教育水平较高。247位受访者中男性占93%,平均年龄45岁,其中60岁及以上占9%,50~59岁占29%,40~49岁占27%,30~39岁占21%,30岁以下占14%。受访者年龄以中青年为主,比较容易通过多种渠道了解、掌握农业农村政策动向。88%受访者拥有高中或中专以上学历,其中大专及以上学历占59%,初中及以下学历仅占12%,较高的学历水平能较好地读懂调查问卷,更好地理解农业生产托管政策,提高调查问卷的有效性。此次调研对象71%为行政村或村小组干部,19%为农村回引人才,10%为普通农户。村组干部既是当地农业生产经营者,又是农业农村政策在基层落地生根的重要推动力量,本次调研将村组干部作为重点调研对象,旨在重点掌握村组干部对托管政策的认知及影响因素,能够更好地了解农业生产托管在基层的实施情况。

第二,家庭务农劳动力偏少,兼业农户比重较大。81%的受访者家庭务农人数1~2人,18%的家庭务农人数3~4人,务农人数5人以上的仅占1%。对于土地规模较大的家庭,劳动力短缺是不得不面对的问题。家庭收入来源中,务农收入是第一大来源,50%的家庭有务农收入,其次是外出务工。从务农收入占家庭总收入比重来看(图5-1),家庭务农收入比重在10%以下的受访者占38%;务农收入占比80%以上的仅占11%。纯农户比重较小,兼业农户比重较大,非农收入已经成为农村家庭的主要收入来源,一定程度上更加剧了农村劳动力从农业向其他产业转移,农户呈现兼业化。农户的分工和分业,提高了农户参与社会分工的程度,为农户参与农业生产社会化服务创造了条件。

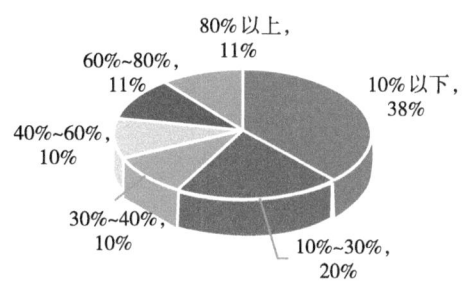

图 5-1　按务农收入占家庭总收入的比重统计的受访者数量

注：上行数字为务农收入在家庭总收入的占比，下行数字为按务农收入占家庭总收入比重为分类指标的受访者占比。

第三，土地规模较小，地块较分散。受访者家庭经营土地面积平均为 16.8 亩，平均地块数为 5.7 个地块。如图 5-2 所示，土地面积不超过 10 亩的受访者占 68%，其中小于 5 亩的占 43%，户均地块数 3.4 个；家庭经营土地在 50 亩以上的受访者仅占 8%，户均地块数 14.7 个。家庭经营土地面积较小，尤其是 5 亩以下居多，土地细碎化严重；50 亩以上较大规模的土地地块分散严重。土地规模小且分散，不利于农业现代化生产技术的应用，不利于农业生产托管服务规模化。此次调研虽然村组干部占比较大，但村组干部家庭经营的土地规模仍然较小，儋州市各村镇仍以小农户生产为主。

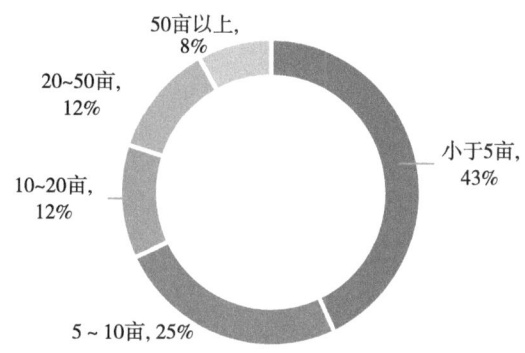

图 5-2　家庭经营土地面积

第四，土地闲置较多，农业生产困难。根据图 5-3 土地利用情况，儋州市农户土地经营仍以家庭自耕为主，占 44%；全部出租仅占 4%；但土地闲置情况较严重,全部闲置占 13%,部分自耕/流转与闲置并存的情况累计占 28%。大量耕地闲置造成粮食等农产品生产的损失。

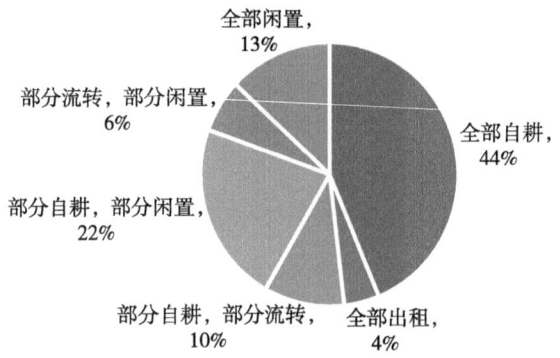

图 5-3 土地利用情况

进一步分析土地闲置的原因(图 5-4),52% 的受访者认为农业技术较差、农业经济效益太低导致撂荒闲置,32% 的受访者缺乏充足的劳动力,28% 的受访者是由于其他原因导致撂荒。根据对受访者的跟踪调查,土地闲置的其他原因主要是指当地农田缺乏水利设施或因工程施工破坏田间道路和水利,土地干旱和交通不便导致无法耕种。儋州市地处海南西部,干旱缺水是制约儋州北岸地区农业生产的重要原因。儋州市峨蔓、木棠等"北岸"

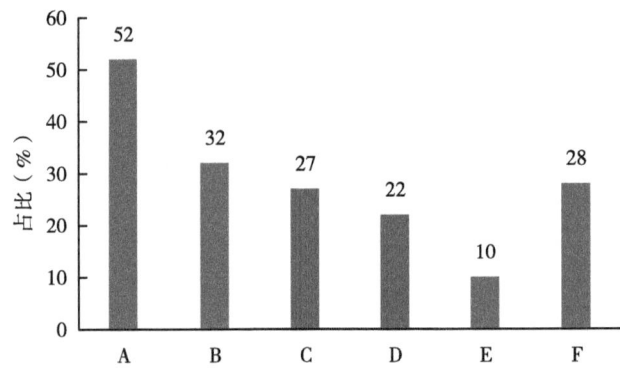

A—农业技术较差,农业经济效益太低;B—缺乏充足的劳动力;C—无人租地或托管;
D—土地质量下降,不适宜耕种;E—不愿出租或托管;F—其他。

图 5-4 土地闲置原因

地区，十年九旱，农村水利基础设施薄弱，工程性缺水问题突出，灌区及田间工程不配套，在农田输水管道中，出现堵塞的大部分是距离农田最近的斗渠和毛渠，是最后一公里甚至一百米发生了堵塞。大部分沟渠都是属于乡镇和村委会管理，由于没有专门的养护经费和人员，田间沟渠缺乏养护经常无水，种植户往往需要打井备用或购买抽水机，导致生产成本增加。

如图5-5所示，受访者农业生产面临的最大困难是农产品销售不稳定和缺乏资金，其次是缺乏技术指导、土地面积不够和劳动力不足。针对这些困难，农业生产托管组织可以通过专业化服务提供先进的种植管理技术、农产品营销、农业信息和金融等社会化服务。通过土地托管经营，改善农田基础设施，可以有效地解决技术、资金、劳动力、销售等问题，提高土地产出率。同时，农业生产托管机构可以充分发挥组织优势和技术优势，有效解决土地撂荒闲置问题，实现连片托管服务。

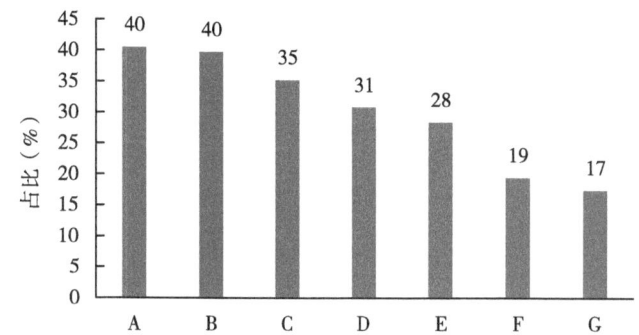

A—农产品销售不稳定；B—缺乏资金；C—缺乏技术指导；D—土地面积不够；
E—劳动力不足；F—获取农产品市场信息困难；G—其他。

图5-5 农业生产面临的主要困难

(2) 认知和参与意愿分析

第一，土地托管知晓率不高，政府宣传不到位。23%的受访者完全不了解土地托管，从未听说过；41%对土地托管政策仅了解一点点；比较了解和非常了解的，仅占14%，如图5-6所示。可见，儋州市农户对土地托管政策的认知非常有限。为了顺利开展问卷调查，调查员在对受访者进行调研时，首先对调研对象讲解土地托管的概念和相关政策，在调研对象对土地托管有了基本认知后才进行土地托管政策认知评价调查。受访者获取信息的渠道中，网络渠道了解居第一位，其次是电视报纸渠道，仅18%的受访者通过镇村广播、告示等政府宣传了解。对于当地政府是否有农业生产托管政策方面的宣传，36%的受访者选择政府完全没有宣传，选择偶尔有宣传的占55%，选择经常宣传的仅占9%。可见，儋州市农户对托管政策的了解主要还是依靠自主习得，政府宣传的普及度还比较低。尤其是此次调研对象71%为行政村或村小组干部，本身对政策了解非常少，甚至完全不了解，就更难在基层村组宣传推广相关政策了。儋州市自2018年开始实施农业生产社会化服务项目试点，土地托管政策在当地仍未普及。77%的受访者希望当地政府多组织些土地托管方面的宣传。

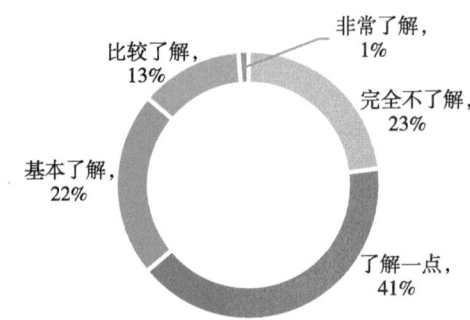

图 5-6　土地托管政策了解程度

第二，托管政策经济效益评价较高。在调查员详细讲解托管政策的基础上，开展土地托管政策经济效益评价。针对土地托管可以帮助更好地管理土地、可以弥补家庭劳动力不足、可以带来更多的经济效益、外出务工时更愿意土地托管这4个方面征询受访者的态度，分别有74%、74%、69%、76%的受访者比较同意和非常同意托管可以带来相应的经济效益。如图5-7所示。

第三，对托管服务组织比较信任，但对托管风险仍有担忧。针对是否信任负责托管的服务机构进行调研，回答比较信任和非常信任的受访者占62%，不信任和完全不信任占6%，持一般中立态度的占32%。对土地托管风险的认知，认为没有风险的占31%，中立态度的占25%，有一点风险的

第五章 海南省农业生产托管需求主体调研

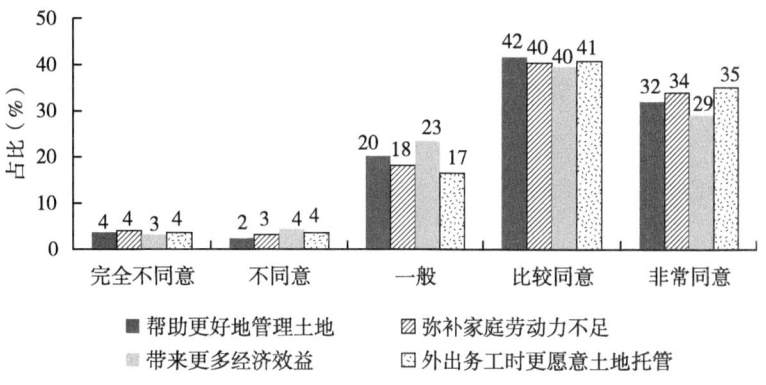

图 5-7 土地托管政策经济效益评价

占 41%，3% 受访者认为存在很大风险。尽管大部分受访者选择比较信任托管服务组织，但仍然有 44% 的受访者对托管风险存在担忧。土地托管政策在当地宣传不够，托管经营组织数量较少，一定程度上降低了农户对托管服务的信任度。

第四，参与土地托管意愿较强，对托管模式偏好不明显。20% 的受访者非常愿意参与土地托管，比较愿意占 43%，20% 对托管没有偏好，12% 受访者不愿意或完全不愿意将土地进行托管。愿意参与托管的受访者 217 人，占 68%，儋州市农户参与土地托管的意愿还是较强的。如图 5-8 所示。

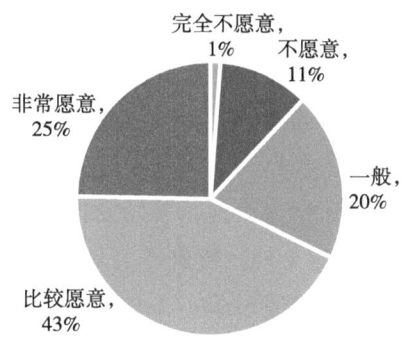

图 5-8 土地托管参与意愿

对有意愿参与土地托管的受访者进一步分析，托管后可以专心从事其他工作、托管公司技术更先进、解决土地撂荒问题是受访者接受土地托管的三大主要原因，如图5-9所示。在对托管模式的选择意愿调查发现，59%的受访者愿意接受全托管模式，41%选择半托管。全托管意愿略高于半托管，说明儋州市开展全托管服务市场具有较强的群众需求基础，但也不能忽视41%的受访者半托管的多样化、差异化需求。托管服务主体在儋州市经营要注重全托管与半托管相结合。

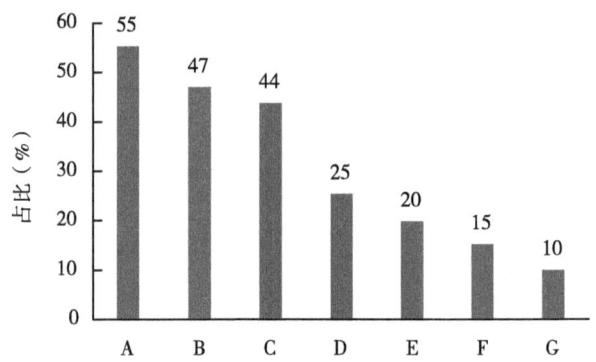

A—托管后可以专心从事其他工作；B—托管公司技术更先进；C—土地不至于撂荒；
D—解决劳动力短缺；E—提供农机服务；F—种地太辛苦，不愿务农；G—其他。

图5-9　愿意接受托管的原因

（3）托管实施情况分析

第一，土地托管实际参与率低。农户接受一项技术、产品和服务，首先必须有所了解，对于土地托管也不例外。此次受访农户中，97%未参与过农业生产托管，仅3%明确表示参与过。通过深入调查，参与土地托管的农户全部是关键环节托管，集中在机械耕地、水稻机械采收的农机服务，来自附近的农机手/农机专业户提供服务。

如图5-10所示，在对未参与土地托管的受访者进一步调查发现，35%的受访者是因为不知道当地有土地托管服务，是未参与托管的第一大原因，可见土地托管的政策宣传工作需要强化。23%的受访者认为自己完全有能力耕种不需要托管，14%的受访者的土地已出租，对托管没有需求。20%的受访者表示除了务农没有其他工作，当地就业机会较少、农户本身技能有限等因素限制了农户从农业劳动中转移出来，即使务农收入低，但苦于没有其他就业途径，很难将土地托管。因土地面积小很难托管，担心托管后收益得不

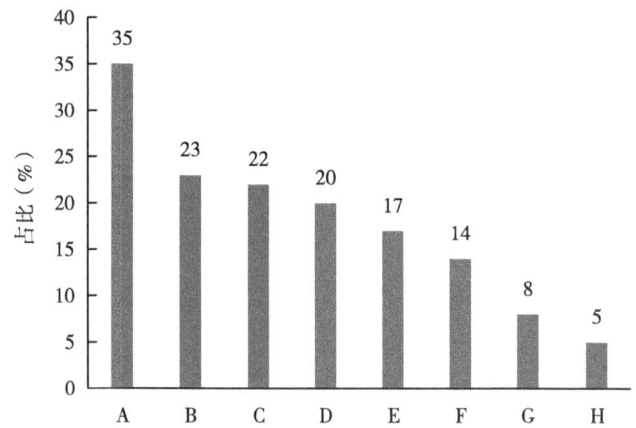

A—不知道有土地托管；B—自己完全有能力耕种；C—土地面积小难托管；
D—除了务农没有其他工作；E—担心收益得不到保障；F—土地已出租；
G—担心托管后想种时土地难收回；H—其他。

图 5-10　未参与土地托管的原因

到保障，担心托管后想种时土地难收回，也是农户不参与/不接受土地托管的重要原因，这对农业生产托管服务组织规范化运营和政府监管提出了更高的要求。在调研中还发现，相当多的农户把土地托管等同于土地出租，农民对土地托管的知悉程度还很低。

第二，村两委干部带头，有助于提高土地托管参与率。村干部是农村社会经济建设的直接组织者、推动者和实践者。83%的受访者明确表示，如果由村两委干部带头组织参与土地托管，愿意参加；78%的受访者认为村两委干部在土地托管中应该起到主导、带头作用。可见，农户对村两委干部具有较高的信任度。就调研来看，受访者中村两委干部对托管政策的了解还不多，甚至未听闻过土地托管，部分干部将土地托管与土地流转混淆，把儋州市推行多年的土地流转套用土地托管。加强土地托管为核心内容的农业生产社会化服务政策宣传，必须高度重视对村两委干部的政策宣贯，紧紧扭住村两委干部这个关键，推进土地托管实施。

5.3 白沙、文昌问卷调查情况

通过儋州市覆盖16个乡镇的农户调研发现,农户普遍对土地托管知之甚少。为进一步详细了解农户需求,研究团队在白沙县和文昌市选择典型村庄开展调研,选择文昌市重新镇光大村和白沙县青松乡拥处村进行入户调查。

5.3.1 调研基本情况

文昌市位于海南省东北部,东、南、北三面临海,陆地总面积2 488千米^2,海域面积5 245千米^2,海岸线289.82千米,辖有17个镇、2个农场,总人口约60万人。文昌区位优势明显,距省会海口市60千米,距美兰机场仅40千米;方便快捷的东环铁路途经文昌,随着海文大桥建成通车,文昌与海口实现同城一体化发展。文昌市属热带北缘沿海地带,属热带季风岛屿型气候,发展热带农业生产条件十分有利。海洋资源丰富,拥有10米等深线内的浅海水面面积15 400公顷,是发展水产养殖和海洋牧场的良好场所,水产品种类繁多,有鱼类800多种。文昌盛产美食,"文昌鸡"位列海南四大名菜之首,"文昌椰子"获农业农村部农产品地理标志认证,素有"海南椰子半文昌"的美誉。农业是文昌市的经济支柱和优势产业。2020年,文昌市农林牧渔业总产值146.52亿元,占全省的8%,居全省第五;其中农业、牧业、渔业分别占39.1%、28.1%和25.9%。粮食作物播种面积24 340公顷,居全省第一,其中水稻播种面积17 861公顷,居全省第五;番薯播种面积6 453公顷,居全省第一。蔬菜播种面积20 061公顷,居全省第四。热带作物种植面积31 739公顷,其中椰子15 539公顷,是全省最大的椰子产区;胡椒6 893公顷,产量13 346吨,居全省第一。家禽出栏量5 033.47万只,其中鸡4 623.76万只,居全省第一。文昌市现有文昌周勤富罗非鱼养殖产业园、文昌春光食品产业园、文昌传味文昌鸡产业园、文昌文亭休闲农业产业园、文昌瑞峰罗非鱼和黑鳗淡水养殖产业园、文昌景达恒畜牧养殖产业园、文昌市璟益红米产业园、海垦文昌东路农场东妃荔枝产业园等8个省级现代农业产业园。重兴镇地处文昌市最南端，镇人民政府驻地距文昌市区41千米，辖2个社区、13个行政村。重兴镇现有耕地面积为2.77万亩，其中水旱田2.02万亩，人均耕地约1.18亩，林地面积6.16万亩。粮食作物以水稻为主，兼种椰子、橡胶、胡椒、槟榔及蔬菜水果等经济作物，是文昌市粮食、热作、瓜菜的主产区。光大村位于重兴镇东北部，下辖13个村民小组，农业产业以胡椒、椰子、槟榔、橡胶、莲雾等经济作物种植为主。光大村农业发展存在的主要问题有：一是农业规模较小，种植品种较多，地块较分散，无法形成规模；二是胡椒、莲雾等特色作物种植技术较缺乏；三是农民组织化程度较低，以小农户分散经营为主。

白沙黎族自治县位于海南岛中部偏西，东邻琼中、南接乐东、西连昌江、北抵儋州，总面积2 117.2千米^2，辖11个乡镇，92个村（居）委会，428个自然村。总人口19.5万人，其中黎苗族人口12.41万人，是一个以黎族为主的少数民族聚居山区县，也是革命老区县、国家重点扶贫县和海南唯一的深度贫困县。白沙以生态良好著称，有"山的世界、水的源头、林的海洋、云的故乡"的美誉。2020年2月29日，海南省人民政府召开新闻发布会宣布，海南五指山市、临高县、白沙黎族自治县退出贫困县序列。至此，海南省5个国定贫困市县全部脱贫摘帽。脱贫攻坚决胜后，白沙县进入向乡村振兴全面推进的新发展阶段。白沙县是传统的农业县，农业产业结构基本形成了以天然橡胶、绿茶、山兰稻为主，逐步拓展到南药、热带水果、特色养殖的发展格局。2020年，白沙县农林牧渔业总产值37.03亿元，仅占全省的2%，农业产值提升还有很大空间。白沙橡胶种植面积约104万亩，其中民营橡胶种植面积达63万亩，年产干胶3万~4万吨，农村人均拥有橡胶6亩，农村人均橡胶保有量居全国首列，是全国第二大民营橡胶种植县，也是海南第一民营橡胶产区。天然橡胶"保险+期货"开创白沙县精准扶贫新模式。白沙绿茶是中国国家地理标志产品，白沙县的陨石坑是我国迄今为止唯一被确定的陨石坑，陨石坑孕育的白沙绿茶具有独有的品质和独特的品味，"白沙牌"白沙绿茶商标已被编入和认定为《中国知名商标》和"海南省著名商标"；2018年推出"薄沙茶"系列产品，以陨石坑内高山云雾茶生长的稀有性,受到消费者认可。2020 年,白沙县年产茶叶 25 吨,居全省之首。白沙现有白沙绿茶栽培标准化产业园、白沙五里路有机茶产业园、白沙县细水湾竹产业园等 3 个省级现代农业产业园。青松乡位于白沙县西南部,距县城 50 千米,下辖 6 个行政村,全乡总面积 276.5 千米^2,林业用地面积 13.15 万亩,耕地面积 3.59 万亩。青松乡经济发展以农业为主,经济作物有橡胶、甘蔗等传统产业以及益智、槟榔南药产业和山兰稻特色产业,2019 年青松乡橡胶种植面积 6.3 万亩,开割面积 3.9 万亩,山兰稻种植面积 3 797 亩,益智种植面积 3.1 万亩,槟榔种植面积 9 967 亩。养殖业主要以零散养殖生猪、鸡鸭为主[①]。拥处村是海南典型的黎族村落,全村行政区域面积 0.3 公顷,距青松乡政府约 3 千米,至白沙县政府约 54 千米,下辖 7 个村民小组。全村耕地面积 2 490 亩,林地总面积 7 054 亩,经济收入以橡胶、山兰稻、益智、养蜂为主。黎家特色旱生山兰糯稻谷"山兰稻"和山兰文化节是拥处村具有代表性的名片,在白沙仙婆岭种养专业合作社的带动下,全村已形成山兰稻种植、收购、加工、销售、山兰文化旅游等一二三产融合发展的格局。拥处村农业发展存在的主要问题有:一是耕地面积少,土地以山地为主,平地很少,蔬菜、水果用地缺乏;二是山地道路、灌溉基础设施差;三是主产业橡胶价格连续多年低迷,农民增收缓慢。近年来,拥处村着力加强天然橡胶基地建设,加快发展林下经济,建设标准化山兰稻基地,构建不断延伸的山兰稻产业融合链。

文昌市 2018 年和 2019 年作为海南省农业生产社会化服务项目试点,开展农业生产托管的试点服务面积 3.6 万亩,分配财政资金 403 万元。文昌市农业农村局于 2019 年制定了《文昌市 2018 年度中央财政农业生产发展资金社会化服务项目实施方案》(简称《方案》),以提升水稻、番薯(地瓜)等重要粮食生产作为开展生产社会化服务的重点,扶持机耕、机插、机收等关键环节,通过推进机械化生产服务,改进农业生产方式,增强重要粮食产品供给保障能力和生产效益,更好地促进文昌市撂荒地的复耕。《方案》单季作物耕、种、收 3 个环节每亩共计补助标准不超过 100 元;农户

---

① 引自白沙黎族自治县政府网站 http://baisha.hainan.gov.cn/baisha/zfxxgkzl/xgxzzfxxgk/bsxqsx/gkml/202012/t20201219_2905754.html

(个体户)、家庭农场单季生产作物补助规模面积不超过 500 亩;村集体组织、农民合作社、企业等可适度放宽补助规模,但补助最大不超过 2 500 亩。白沙县属国家贫困县,农业生产社会化服务项目中央财政资金按照贫困县统筹整合财政涉农资金工作有关规定执行,海南省未对白沙县下达试点任务,其中 2017 年农业生产社会化服务项目中央财政资金 196 万元用于临高县、白沙县、保亭县、五指山市、琼中县等 5 个贫困县贫困扶持资金,2020 年服务项目中央财政资金 100 万元分配给白沙县。

研究团队选择白沙县青松乡拥处村和文昌市重新镇光大村开展农户土地托管需求调查,共收回有效问卷光大村 47 份,拥处村 12 份。因白沙县和文昌市调研的样本量较小,且总体情况与儋州市差异不大,对两个市县 59 份农户样本进行简单整体分析。

5.3.2 白沙、文昌问卷调查分析

(1) 农户家庭经营情况分析

59 位受访者平均年龄 46 岁,男性占 60%。平均学历为初中水平,其中小学及以下学历占 19%。受访者家庭经营的土地面积平均为 12.9 亩,平均地块数为 5.8 个,地块分散。土地利用情况调查中,86.4% 的受访者土地全部自耕,11.9% 的农户土地存在部分闲置。农业生产面临的困难中,土地面积不够、缺乏资金、缺乏技术指导、劳动力不足是制约农业生产的主要原因。

(2) 政策认知分析

66% 的受访者对土地托管政策完全不了解,27% 的受访者仅了解一点,比较了解仅占 7%。80% 的受访者表示当地政府完全无宣传,20% 受访者表示偶尔有宣传。政策普及率较低,农户对政策了解很有限。在调查员进行详尽政策说明后,对农户进行土地托管意愿调查,愿意参与和不愿意参与的受访者各占 37%,其余 26% 的受访者对是否参与没有偏好。白沙、文昌的受访者参与意愿较儋州低,可能的原因是,白沙、文昌受访者主要以家庭自耕为主,较多农户还面临着土地短缺的困境,家庭耕种意愿较强,对托管服务需求不高。受访者教育水平偏低,可能对政策的理解存在一定的障碍,在对

政策完全不了解的情况下，仅通过调查员的讲解，很难对政策有较全面的认知。

(3) 托管实施情况分析

仅有8位受访者明确表示参与了土地托管，占比13.6%。土地托管服务内容主要来自当地合作社和农机手提供的稻谷机收和脱粒、土地机耕平整服务，还没有全托管经营机构。对当前未参与土地托管的农户进一步调查原因，除了务农没有其他工作和自己完全有能力耕种不需要托管是受访者未参与托管的前两大原因，分别有39%和36%受访者选择，其次是22%受访者因不知道有土地托管而未参与。76%受访者认为村两委干部应该带头组织参与土地托管。

白沙、文昌的调研与儋州总体情况一致，土地托管政策的普及率很低。提高农户土地托管参与率首先要加强政策宣传力度，高度重视村两委干部的组织动员作用，提高政策知晓率。同时拓宽农户增收渠道，创造更多的就业机会，降低农户对低效农业生产的依赖。

5.4 主要结论

根据儋州、白沙、文昌三市县306份农户农业土地托管需求问卷调查发现，三市县农户普遍缺乏对土地托管的认知，托管实际参与率很低。不知道有托管、就业渠道窄和村组干部未充分发挥统筹作用是受访者未参与托管的重要原因。

(1) 农户家庭经营有潜在托管需求

儋州市样本农户土地托管实际参与率仅3%，但在知悉政策的情况下，68%受访者愿意参与土地托管，有较强的潜在托管需求。目前，农业生产托管经营已经具备了一些必要条件。一是兼业农户比重较大，参与社会分工有了更大可能。二是通过土地托管经营，可以有效地解决土地撂荒闲置问题，提高土地利用率。同时，托管服务组织可以充分发挥组织优势和技术优势，改善农田基础设施，实现连片托管服务。但是，农业生产托管经营面临着土地规模小且分散的难题，解决小农户的农业生产托管需求是关键。海南省仍以小农户生产为主，土地细碎化严重，制约了农业现代化生产技术的应用和农业服务规模化的提升。如何解决好千差万别的小农户的农业生产托管需求对托管服务提出了严峻的考验。

（2）农业生产托管政策认知不足

农业生产托管推广面临的主要困境：一是托管政策知晓率不高，政府宣传不到位，比较了解和非常了解政策的占比很低，农户对农业生产托管政策的了解主要还是依靠自主习得；二是农户对托管风险仍有担忧，虽然儋州大部分受访者选择比较信任托管服务组织，但仍然有44%的受访者对托管风险存在担忧。尽管如此，在调查员对受访者进行充分的政策信息普及后，大部分受访者愿意参与农业生产托管。托管后可以专心从事其他工作、托管公司技术更先进、解决土地撂荒问题是儋州受访者接受农业生产托管的三大主要原因。托管模式选择的偏好不太明显，全托管意愿略高于半托管，托管公司经营要充分尊重农户的多样化、差异化需求，注重全托管与半托管相结合。

（3）农业生产托管实际参与率很低

参与过农业生产托管的农户非常少，服务内容仅仅是机耕、机收等农机服务关键环节托管。不知道有托管是当地农户未参与的第一大原因，就业渠道窄、因土地面积小很难托管，除了务农没有其他工作，担心托管后收益得不到保障，担心托管后想种时土地难收回，也是农户不参与/不接受土地托管的重要原因。提高托管参与率，须从加强农业生产托管政策宣传，提高政策知晓率；不断规范行业自律，实现托管组织规范化运营；强化政府监督，有效防范托管风险；拓宽农民就业创业渠道，促进农村剩余劳动力转移等方面入手。另一方面，村两委干部带头参与，有助于提高托管参与率。农业生产托管是"根在基层"的一种农业经营实践，需要调动广大村两委干部的积极性和主动性。调研发现，村组干部对农业生产托管政策的了解还不多，部分干部将土地托管与土地流转混淆。提高农业生产托管服务覆盖面，必须紧紧扭住村两委干部这个关键，高度重视对村组干部的政策宣贯。

第六章
海南省农业生产托管供给主体调研

农业生产托管服务组织既包括供销合作社、农村集体经济组织、农民专业合作社、专业服务公司和面广量大的服务专业户等经营性组织，也包括基层农技推广机构、农业科教机构等公益性组织，这些主体各具优势、各有所长。其中，农民专业合作社服务小农户数量最多，是社会化服务的主力军；专业服务公司单体服务能力最强，服务范围最广，专业化程度最高；农村集体经济组织以提供"居间"服务为主，是联系广大小农户与各类服务组织的桥梁纽带。农业农村部于2021年7月发布的《关于加快发展农业社会化服务的指导意见》（农经发〔2021〕2号）指出，要逐步完善支持政策，发展多元化、多层次、多类型的农业社会化服务，以提供农业社会化服务为主的各类专业公司、农民合作社、供销合作社、农村集体经济组织、服务专业户等主体，推动各尽其能、共同发展；要把专业服务公司和服务型农民合作社作为社会化服务的骨干力量，推进其专业化、规模化，不断增强服务能力，拓展服务半径；要把农村集体经济组织作为组织小农户接受社会化服务的重要力量，充分发挥其居间服务的优势；要把服务专业户作为重要补充力量，发挥其贴近小农户、服务小农户的优势，弥补其他服务主体的不足；要发挥供销、农垦、邮政的系统优势，着力完善服务机制，不断增强为农服务能力；同时，要鼓励各类服务主体以资金、技术、服务等要素为纽带，加强联合合作，促进融合发展。推动服务主体与银行、保险、邮政等机构深度合作，实现优势互补、互利共赢。

研究团队结合农业生产托管业务主管部门海南省农业农村厅农村合作经济指导处调研和选择海南省部分农技推广机构、供销合作社、农资企业、农民专业合作社、农业科研机构等主体开展调研，了解海南省农业生产托管市场服务供给情况。

6.1 服务组织开展托管服务情况

6.1.1 基层农技推广机构

海南省农业技术推广服务中心是海南省农业农村厅直属单位,指导市县农业技术推广机构业务工作。按照农业农村部基层农技推广体系改革的要求,海南省已基本完成基层农技推广体系机构改革,各市县建立了农业农村、畜牧、农技、农机、热作局(办、中心、站),管理体制逐步理顺。按照事业单位改革的分类,基层农技推广机构是从事公益服务的全额拨款事业单位,极大稳定了基层农技推广人才队伍。农技推广机构的主要职责包括:承担农业新技术、新品种的引进、试验、示范、推广工作;组织开展农业科学知识普及教育,提供农业实用技术咨询与服务;参与农作物种子生产与市场经营管理、植物检疫与农药市场管理、耕地养分保养与肥料市场管理、农业环境监测及无公害瓜果菜质量管理工作;从事农业科技信息的收集、整理、储存和传递。基层农技推广机构开展农业社会化服务,主要通过基层农技推广体系改革与建设补助项目和农技示范推广项目提供服务。基层农技推广体系改革与建设补助项目,旨在遴选认定具备开展科研或科普教学推广的试验示范展示基地、良种繁育场、涉农企业、农业专业合作社等示范带动效果明显、长期稳定的农业科技示范基地。农技示范推广项目重点依托农业科研、教学、技术推广部门和企业,推广冬季瓜菜、热带水果、热带作物和特色畜禽养殖等优势特色品种及相关技术,开展农业重大技术集成与示范以及农业前沿技术示范推广。近年来,中央财政通过农业生产发展资金继续对基层农技推广体系改革与建设工作给予支持,海南省各级农技推广机构按照年度农技示范推广项目建设任务的要求,建设集示范展示、指导培训、科普教育等多功能一体化的农业科技示范展示基地,示范优质安全、节本增效、生态环保的主推技术,应用中国农技推广信息平台开展在线指导和服务效果展示。农业科技服务"110"是海南省农业科技推广服务的主要平台。基层农技推广机构是广大农村地区公益性农业社会化服务的重要力量。

通过对儋州市农技推广机构和三亚市农技推广机构的走访调研，发现其在开展农业社会化服务过程中仍存在一些问题和困难。一是基层农技推广机构管理不顺畅、机构不健全情况仍然存在。儋州市农业、林业、水利、畜牧、渔业等农业系统机构在经过多次合并重组后建立目前的儋州市农业农村局，是农技推广部门的主管单位，市一级设农林科学院、农产品质量监测站、动物卫生监察大队、动物疫病预防控制中心、水产养殖技术推广站等农技推广部门，原儋州市农技推广服务中心的职能主要由儋州市农林科学院承担。三亚市原农业技术推广服务中心改革后，市级农技推广机构主要包括三亚市农业技术服务中心、热带作物技术推广服务中心、热带农业科学研究院、畜牧兽医局、动物疫病防控中心、农业机械化管理局、农业机械培训学校、现代农业检验检测预警防控中心。调研发现，改革后市级热作技术推广服务职能更集中，但岗位普遍较少，农技推广队伍数量较少。镇级农技推广服务中心和服务站依托镇政府设置，近年来乡镇政府工作任务较重，农技推广工作人员普遍要兼职相当部分政务工作，机构改革后镇级农技中心要对口更多的行政主管和业务主管部门，出现了"上面千条线、下面一根针"的现象，不能做到专人专职。加之镇级农技推广人员严重不足，农技知识更新滞后，专业技术能力弱化严重，严重影响了基层农技推广服务的开展。二是农业社会化服务以少数关键环节服务为主，辐射带动能力还不强。基层农技推广机构开展农业生产服务主要是提供新技术新品种试验示范的技术指导、进行植物病虫害、动物疫病监测和农业技术宣传教育、培训等，主要是农业生产的关键环节或多环节的服务，还未覆盖农业产业链的全链条。事业单位分类改革前，基层农技推广机构尤其是市县级机构还承担了不少经营性推广职能。事业单位分类改革后，各级国家农技推广机构属于公共服务机构，履行公益性职责，基层农技推广机构改革为公益一类事业单位。2012年修订颁布的《农业技术推广法》明确规定各级国家农业技术推广机构向农业劳动者和农业生产经营组织推广农业技术，实行无偿服务。三亚市热带作物技术推广服务中心的服务主要是依托财政资金支持的农技推广项目，选择与农业企业、农民专业合作社、种养大户、家庭农场、农业科教机构等生产主体的自有生产基地进行技术合作，建设示范园、示范场、示范基地。此外，还会承租土地自建示范园进行育种、培育、示范、推广。随着三亚市土地价格上涨加快，租地成本越来越高，经营性活动受限，农技推广主要是根据生产者的需求、根据财政项目的需要按需提供服务，推广的主动性不够强，服务的对象较零散，服务覆盖的面积较小，农技推广机构的辐射带动作用还有待加强。

6.1.2 海南省供销合作社

在我国社会化服务体系的建构中，供销社是能将公益性服务和经营性服务相结合的服务主体，有能力、也有必要进行开拓，在社会化服务体系建构中承担重要责任。海南省供销合作社分为基层供销合作社、市县级、省级供销合作社联合社，共有成员社18个市县供销社及272个基层社，各类为农服务网点8 000多个。近年来，海南省供销合作社系统按照中共中央国务院和省委省政府提出的深化供销合作社综合改革，打造城乡社区综合服务平台的工作部署和任务要求，统筹系统资源推动农村综合服务社建设，正逐步构建起"省、市、县有运营服务主体，乡镇有供销社为农服务中心，行政村有村级农村综合服务社"的四级为农服务体系。实行经营性服务与公益性服务有机结合，广泛吸纳农业龙头企业、农民专业合作社、农家店等各类农业经营主体共同参与，承接政府部门强农惠农便农服务项目进驻。

实践中，海南省供销社以土地托管项目提供农业生产托管服务。2012年，海南省供销社农业综合开发有限公司（简称"海南供销农综公司"）试点推行土地托管经营。采用"半托管"方式，主要提供病虫害防治服务，试点初期以香蕉产业为主，后扩大到其他热带经济作物。三亚市供销合作社下属控股企业三亚利民供销产业园有限公司为降低租地成本于2018年推行以生产过程中的某一环节为内容的"半托管"服务。海南省供销社紧紧抓住中华全国供销合作总社农业综合开发土地托管项目的有利契机，市县供销合作社积极争取省社农业综合开发项目资金开展土地托管服务。

海南省供销社农业生产托管服务存在的主要困难和问题是：一是基层供

销社的力量还比较薄弱。目前推行农业生产托管服务的主要是省级社下属农业综合开发公司,各市县供销社还主要是以农业生产物资和农产品运销流通服务为主,提供托管规模化服务的还较少。乡镇供销社为农服务中心和村级农村综合服务社数量吸纳其他农业经营主体联合开展农业生产服务的很少,与山东省供销社构建的多元主体参与、县镇村三级为农服务体系的土地托管模式还存在很大差距。二是托管服务面积还较小。海南省供销合作社现有各类为农服务网点 8 000 多个,272 个基层社,是开展"三农"工作的重要载体,拥有开展农业生产托管服务的良好群众基础。据了解,目前已开展土地托管的区域主要在临高、海口、三亚等地,托管的作物主要是香蕉、芒果、蔬菜等作物。地域和农产品品种覆盖面均较小。在海南省供销社试行土地托管的前两年,土地托管开展还较顺利,半托管和全托管模式都有,但最近几年土地托管发展放缓,各市县供销社申报农业综合开发土地托管项目数量非常有限。主要原因还在于供销社对开展土地托管的重要性认识还不到位,部分镇级为农服务中心仅仅是开展农资销售、电子商务、日用品批发代理等业务,村级服务社成为快递网点、小卖部、电商服务站的经营场所,土地托管并未成为基层供销社的主要服务内容。供销社还需以产业为纽带,充分整合区域范围内经济组织,形成农业产业化联盟,提供区域性农业全产业链服务。

6.1.3 农资企业

根据国内农业生产托管先进地区的发展经验,农资企业具有强大的驱动力,由农资供应商转型为集农资供应、土壤改良、病虫害防治、农产品销售等综合性服务为一体的农业服务企业。中化现代农业有限公司是中化集团农业板块的核心企业,是集团农业服务业务的统一平台。中化农业海南分公司重点以从事主粮生产及特色经济作物生产的农民合作社、农业产业化龙头企业、家庭农场及专业大户为服务对象,建设规模化现代农业标准示范园区,开展本地化农业技术研发、推广全程综合服务。具体做法是:一是通过农资销售,与当地农资经销商建立密切联系。选择当地有一定经营实力和一定威望的农资经销商作为中化农资的销售对象,作为公司的长期合作伙伴。二是农资经销商推荐当地农业经营主体生产基地作为共建示范园。农资经销商在长期农资销售过程中，与当地生产者建立了紧密联系，有条件为海南分公司筛选出一批可供中化农业技术试验示范的基地，海南分公司将中化农业先进的农产品和生产技术在海南的示范园进行推广，采取以点带面的方式，先小范围示范，再扩展到整个示范园，并辐射周边农户。三是建立 DST 技术服务渠道。D 即一、二、三级农资经销商渠道，S 即公司派专人时常下基地跟踪技术应用情况，收集生产者意见和建议，T 即公司根据收集的意见，派专业的技术员下基地进行现场解答，提供技术服务。四是实行线上和线下相结合的服务模式。线上建立 MAP（Modern Agricultural Platform）智慧农业平台，开发手机端 MAP 慧农现代农场管理系统，开展农技视频、精准气象、农场标准化管理和专家实时沟通等线上服务。线下在市县整合各类合作伙伴，共建 MAP 技术服务中心，在技术服务中心 50 千米半径内建立 MAP 示范农场，在示范农场内开展品种筛选试验、技术集成试验、肥料试验、植保试验、农机农艺试验和样本示范区，即"5 项试验+1 项展示"服务。据不完全统计，截至 2021 年底，海南分公司已在海南多个市县和农垦农场建立超 15 个 MAP 技术服务中心，覆盖芒果、火龙果、哈密瓜、凤梨、荔枝、胡椒、槟榔、绿橙、香蕉等作物。海南分公司业务已从农资销售拓展成覆盖农业产前、产中、产后全过程，聚焦核心作物和优势产区，已形成"7+3"服务模式——"7"包括土壤改良、品种改良、营养与植保、农机应用、技术培训、品质检测、智慧农业，"3"包括产品订单与助销服务、农业金融和农产品品牌打造服务。

中化农业海南分公司开展农业生产托管服务可以借鉴的经验有：一是重视发挥基层经营主体的作用，联合一切可以联合的力量。以当地农资经销商为纽带，拓展合作伙伴范围，联合种植服务技术带头人、乡村物资配送商、乡村农资服务商、作物协会、供销社、基层党组织、农民专业合作社、具有影响力的个体共建 MAP 服务中心，依托合作伙伴的生产基地建立示范农场，有效地促进了中化农业农产品和农业技术在当地的应用推广，实现了公司的可持续运营。二是重视线上和线下现代农业服务平台建设。线下通过 DST 渠道稳定了服务群体，线上通过慧农 App 扩大了服务范围，提升了服务质量。三是让利于民。海南分公司的收益主要来自农资销售，伴随农资销售过程中提供的农业服务多数都是免费的，最大限度地让农民受益于先进技术。但也存在一些问题：一是承担小农户的农业生产托管服务动力不足。海南分公司认为农业生产托管涉及与数量众多的小农户的合作，谈判成本较高，农户利益较难协调，无疑会增加公司运作成本。因此，公司目前主要选择与合作伙伴进行合作，服务对象为有一定组织性和一定土地规模的农业生产者，开展农业生产的关键环节或多环节托管服务，并未开展全程托管。二是承担农业生产托管项目的动力不足。海南分公司的利润仍以农资销售为主，农业生产托管项目涉及项目投标、签约、实施、监督等众多环节的协调。目前海南分公司采取的是与农业生产托管项目中标公司合作，为中标公司提供农业生产托管服务所需的农资供应。目前，海南省内从事农业生产托管等农业社会化服务的组织良莠不齐，政府还未建立服务主体名录，海南分公司寻找合作公司的成本也较高，没有很强的意愿独立投标农业生产托管项目，但可以考虑以联合体的形式参与投标。

6.1.4 农业生产托管企业

（1）全托管模式

从 2019 年开始，海口市琼山区政府引入海南五田家控股有限公司旗下的海南昇田农业开发有限公司（简称"五田家"），与红旗镇农户合作种植富硒有机稻米，以墨桥村为原点辐射周边村庄，从 2019 年的 50 亩试验田发展到 2020 年合作种植水稻晚造 16 230 亩，涉及 300 余户村民，覆盖红旗镇、旧州镇、大坡镇等周边乡镇土地。五田家的主要做法：一是核心基地开展全程托管，实行整村托管。农户通过村委会将土地委托给公司全程托管，公司以全产业链为纽带，整合现有粮食种植、生产、加工、物流、仓储、销售等资源，发展"产购储加销"一体化模式。二是带动周边农户扩大种植规模。公司按照严格的种植标准，指导和管理周边农户种植水稻，再负责收购、加工，最后通过"五田家"直营连锁店销售，实现与社区对接，直达终端客户。经过两年多的示范，加入土地全程托管的农户越来越多，托管规模越来越大，为公司托管服务持续经营提供了有力保障。三是重视拓展基层力量。公司在每个村设 2~3 个联络员，开展入户上门服务，讲解农业生产托管政策，协调农户需求；与村两委干部及时沟通，得到村两委的大力宣传和引导；依托镇农业服务中心的技术力量，为农业生产托管提供技术服务。公司与农户签订土地全托管协议，约定收益分配方案，村两委和镇农业服务中心作为第三方见证，让农户吃下"放心丸"。五田家开展农业生产托管服务是从土地流转面临资金压力转型过来的。早年通过土地流转实现土地集中开展规模经营，但高昂的地租给公司资金运转带来很大压力，2019 年开始调整经营方式，以土地托管经营提供粮食种植、生产、加工、物流、仓储、销售全程服务，没有了租金的压力，还能获得农户全托管费用的资金流入。在公司核心基地种植的示范效应带动下，在村社联络员和村"两委"、镇政府的大力推广下，在土地流转租金低收入与土地托管较高农业收入的对比下，农户参与农业生产托管的意愿越来越高。五田家托管服务虽起步晚，但探索的"政府+企业+农户"的土地托管合作模式是海南省农业生产托管全托管模式的一种有益尝试。

(2) 半托管模式

海南省农业生产托管主要是以半托管为主，涉及农业生产过程中的某个时段、某个环节的托管服务。2017—2020 年农业生产社会化服务发展项目均是结合试点市县主导产业发展，选择 1~3 个关键环节、薄弱领域和农民急需的关键领域，提供以生产托管为主的社会化服务。海南省农业生产环节半托管主要集中在机耕机收和农作物病虫害统防统治环节。机耕机收由当地的农机合作社或农机手提供服务，农作物病虫害统防统治主要由专业的植保公司提供。海南农飞克农业科技有限公司专业从事农作物病虫害专业化防治以及统防统治技术服务，是琼海市 2019 年农业社会化服务项目中标单位，承担水稻、槟榔病虫害防控服务。农飞克公司借助植保无人机提供植保服务，作业效率高，服务规模大，但是也面临着严重的问题：农业适度规模经营是植保无人机作业的前提。据业内专家测算，200 亩左右的大户规模是适合植保无人机喷洒的区间。农飞克公司的服务对象主要为连片种植的大规模生产基地，为小农户提供植保服务较少。海南卓沃信息科技有限公司为了扩展服务面积，满足小农户生产需求，除了开展无人机飞防业务外，也面向小农户开展小规模的病虫害专业化防治，小规模作业显然成本会较高。由此可见，海南农业生产半托管的服务领域主要依赖于农业机械化的实现程度，机耕机收和统防统治技术都对土地规模提出了要求。土地流转实现了土地面积的集中，为农业机械社会化服务提供了基础，土地流转可以更好地促进农业生产托管服务规模化；为充分发挥农业机械的高效率和服务规模化，农业生产托管半托管只有达到一定的服务面积，才能有效降低农机作业成本，提高农机作业效率，真正为农业生产者降低生产成本。只有尽可能地实现小农户土地的连片，整队推进，整村推进，才能更好地发挥农业生产托管服务优势。

6.1.5 农民专业合作社

国内农业生产托管发展的经验证明，农民专业合作社是开展托管服务的主体力量。海南省农民专业合作社提供农业生产托管服务主要集中在农机社会化服务、种植管理技术和农产品销售服务方面。农业机械化是现代农业的重要物质技术基础，组建农机专业合作社是发展农机社会化服务组织的最佳组织形式。海南省水稻种植已基本实现机耕机收，提高了水稻种植的生产效率。蔬菜、香蕉、胡椒等地势较平坦土地机械耕种已普及。小农户的机耕机收服务主要来自农户自己拥有的小型农机设备和附近的农机手。大规模农业基地的机械化服务主要来自农机合作社和农机作业大户。中央和省级财政下达的农业项目资金扶持了一批农机新技术示范推广项目建设和农机社会化服务示范点建设。机耕机收是海南省农业社会化服务项目的重要建设内容，农机专业合作社是提供农机社会化服务的主要力量。海口亦民农机作业服务专业合作社中标海口市琼山区2018年农业社会化服务项目，提供机耕机收服务。

农民专业合作社是以农民为主体，自愿联合，民主管理，为谋求共同利益开展专业合作的互助性经济组织，具有提供农业生产托管服务的组织优势，合作社通常以"统一生产"提供种植管理技术服务为基础，实现"统一收购""统一销售"的农产品销售服务。海南雷丰芒果农民专业合作社（简称"雷丰合作社"）在农业技术服务方面积累了成功的经验。雷丰合作社成立于 2007 年，立足于陵水，辐射全省，面向国内芒果产区，以推广良好农业操作规范（GAP）为主，以合作社+农户+标准化生产模式对农户进行农业实用标准技术培训，培养职业农民，引导芒果标准化生产。雷丰合作社成立农业技术服务队伍，有国内外 46 位专家组成的技术团队，在全省设立了 4 个分社 16 个技术服务站，为农户提供从种植到销售"保姆式"服务。合作社多年来致力于推广种植芒果的"良好农业操作规范"，已取得 SGS 认证的 GAP 芒果栽培专利技术，并研发了富硒芒果生产方法，获得《雷丰芒果标准化管理方案》等著作权 4 项，芒果反季节栽培方法发明专利 1 项。

雷丰合作社核心基地采取全托管，非核心基地以半托管模式提供农业技术服务。主要做法是：一是建立生产与销售的共赢。农户可选择与雷丰合作社分别签订 2 份合同，一份是技术服务合同，另一份则是销售合同。按照销售合同规定，合作社保底收购，高出保底价时，农户承诺在同等价格下优先卖给合作社，溢价部分合作社将收取 3%~5% 的技术服务费。合作社的合作对象能免费享受该合作社的标准化种植技术服务，并可购买和使用合作社提供的营养剂、调节剂等，依靠科学技术管理芒果树。农户严格按照 GAP 要求进行标准化种植、专业化管理，芒果平均亩产提高 20%~40%；由合作社品牌化经营，统一销售，雷丰芒果批发价每斤比普通芒果高好几元，高品质获得了较高的市场占有率，实现了农户与合作社的双赢。以"公司+合作社+农户+标准化+销售"生产模式，既指导合作农户科学种植，同时亦提升自身的产销能力，也带动了合作社农资销售。二是重视服务质量，促进产品质量提升。合作社技术服务队伍为芒果全过程标准化种植管理提供技术服务。农户与合作社签订技术服务协议后，合作社技术人员下地开展土壤抽样检测，为农户芒果树建立档案，并制定科学的作物全生育期解决方案。将 GAP 标准以及种植技术等内容进行简化，制作成全年农事月历，发放给农户。农户遇到难题，直接通过电话咨询技术人员，方便又科学。全年对芒果生产进行监测，使芒果质量得到有效保证。比起流转土地的农户"惜转"和高昂地租成本，通过统一技术、标准化种植来实现分散经营下的产品质量相对统一，农户接受程度更高，且参与性也更高。雷丰合作社推广的标准化种植、品牌化经营的专业化农业技术服务，为海南省农业生产托管服务模式的推广提供了经验和参考。

6.1.6 农业科研单位

农业科研单位既拥有专业的农业技术人才队伍，又有大量的农业科技成果转化应用，是农业技术推广和农业社会化服务不可忽视的技术力量。农业科研单位主要以公益性服务为主，在基层推广应用先进的农业科技成果，开展农业技术社会化服务。三亚市南繁科学技术研究院主要从事南繁育制种、瓜菜、花卉、水稻、设施农业、特色农产品加工、植保、土肥、海洋水产、信息等领域的研发和科技服务工作，是琼南地区科技创新和成果转化的主要载体，是海南自由贸易港建设全球热带农业中心和全球动植物种质资源引进中转基地的重要科技支撑单位。中国热带农业科学院是一支国家级的支撑热区"三农"发展的中坚力量，是我国唯一从事热带农业科学研究的国家级综合性科研机构，创新领域涵盖热带经济作物、南繁种业、热带粮食作物、热带冬季瓜菜、热带饲料作物与畜牧、热带海洋生物等大农业范围，是国家热带农业科学中心牵头建设单位。中国热带农业科学院环境与植物保护研究所和橡胶研究所等机构研发的无人机飞防技术已成功应用于橡胶、瓜菜、水稻和果树等病虫害防治。

农业科研单位参与农业生产托管服务主要是以技术服务和人才服务为主，通过与政府、农技推广机构、农业企业、农民专业合作社等合作进行农业科技成果的应用和推广，农业科研单位的专家队伍同时也是其他农业社会化服务经营主体的技术力量来源，参与的是农业生产的某一环节或关键领域的托管服务。

6.2 农业生产托管经营现状总结

海南省农业生产托管经营已初步形成了基层农技推广机构、农业科研单位等公益性农技推广服务，农业企业、农民专业合作社、供销合作社等多元化社会主体参与的农业社会化服务格局，但各主体开展托管服务的起步较晚，经验还不丰富，发展还较缓慢，全省农业生产托管进程较慢。托管服务组织面临着小农户组织困难、小规模作业成本高、托管服务能力有限、服务层次和质量不高、托管经营效益不高等问题。

从现有实践来看，海南省农业生产托管以半托管的单项服务为主，半托管主要集中在机耕机收等农机作业服务，农业绿色生产技术服务，农资供应和农产品销售服务等方面。满足农业生产者多样化需求、覆盖全产业链的全程托管的综合服务实施范围还较小。比较成功的农业生产托管经验是海南雷丰芒果农民专业合作社以"公司+合作社+农户+标准化+销售"生产模式，标准化种植，品牌化经营，解决了小农户分散经营下的产品质量不统一的难题，经过多年的实践积累了丰富的经验，服务模式较成熟。此外，海南五田家公司在海口琼山区探索的"政府+企业+农户"的整村推进、全程托管的合作模式，虽实施时间较短，但也是一种有益尝试。转型的农资企业、农业托管企业、农机合作社、供销社社属企业等托管服务主体还需在产业链上下游合作、区域联合、资源共享等方面加强合作，共同推进海南省以农业生产托管为主的农业社会化服务发展。

第七章
海南省农业生产托管服务的供需匹配分析

本章根据海南省农业生产托管服务市场供需现状和农业生产托管项目试点实施情况，分析当前海南省农业生产托管服务市场的供需匹配状况，探讨可能影响供需匹配均衡度的深层次原因。

7.1 海南省农业生产托管服务市场供需匹配状况

根据经济学的市场均衡理论，供给与需求达到平衡的市场状态即为市场均衡，此时形成的需求和供给即为有效需求和有效供给。需求方既有购买需求，又有购买力。供给方以市场需求为导向，满足不同消费群体或个人需要，实现资源优化配置。

本研究尝试采用供需曲线图对海南省农业生产托管服务市场供需均衡形成过程进行一个简化分析，如图7-1所示，真实的市场均衡实际上是一个复杂的过程。

当前，海南省农业生产托管服务市场处于起步阶段，且处于需求量和供给量双低的局面。根据前文的实证分析，需求方农户实际参与率非常低，在对政策缺乏足够认知的情况下，愿意支付的服务费价格偏低，可能的需求曲线 D_1 处于较低的水平；由于需求量太少，农业生产托管服务组织开展服务的成本较高，无法实现服务规模化，供给意愿不强，供给曲线 S_1 与需求曲线 D_1 可能无法相交，或者在较低水平的 A 点相交，此时在完全竞争下，农业生产托管服务市场供需失衡，q_1 是低效率的交易量。海南省当前农业生产托管服务市场即是处于供需失衡状态。这一阶段尽管农户具有较强的潜在

第七章　海南省农业生产托管服务的供需匹配分析

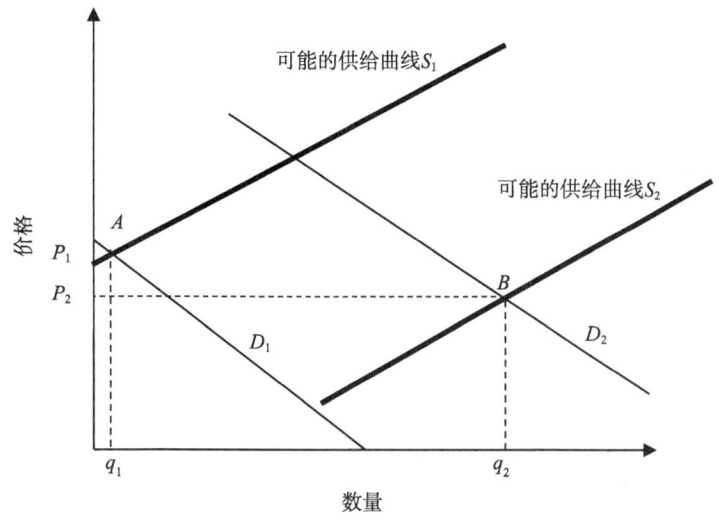

图7-1　海南省农业生产托管服务市场供需匹配图

需求,但还没有形成现实的有效需求。要实现供需均衡,需要充分挖掘农户潜在需求,同时提高有效供给。

当政策越来越普及,参与托管的受益群体增多,在服务正外部性和跟潮效应的影响下,需求量增大,随着农户购买力提高,农户强大的潜在需求转化为现实的有效需求,需求曲线右移至 D_2;此时,市场的竞争日益激烈,参与经营土地托管服务的组织日益增多,服务规范化程度提高,经营成本下降,由此带来服务供给价格下降。为扩大有效需求和供给,政府在实践中采取对服务组织按服务面积进行补贴的方式,弥补经营成本和降低服务费用,供给曲线右移至 S_2。在政府干预下,需求量和供给量显著提高,需求曲线 D_2 和供给曲线 S_2 在 B 点实现均衡,均衡价格 P_2 和均衡数量 q_2 是有效率的均衡量。

基于以上分析,当前海南省农业生产托管服务市场处于供需失衡状态。在市场还不成熟阶段,要实现农业生产托管服务市场供需均衡,既要扩大有效需求,又要根据需求的差异性丰富有效供给,同时还需要政府积极干预,采取相应的政策化解供需矛盾,推动均衡市场的形成。

7.2 海南省农业生产托管服务市场供需失衡的原因

7.2.1 需求方：托管潜在需求大，但农户组织化程度低

第三次农业普查数据显示，全国小农户数量约占各类农业经营户总数的98.1%，经营耕地面积约占耕地总面积的近七成；海南省农业普查登记的小农户112.88万户，小农户占各类农业经营户总数的99.9%。未来很长一段时间，小农户仍将是我国农业生产的基本力量。据第七次全国人口普查，我国居住在乡村的人口为5.1亿，占36.1%。即使将来城镇化率达到70%，农村仍将有4亿多人口，农业还是几亿农民生存和就业的基础产业。如何实现小农户和现代农业有机衔接？最现实、最有效的途径就是通过发展农业社会化服务，帮助他们解决一家一户干不了、干不好、干了不划算的事，降低生产成本，提高经营效益。

当前，我国农业正加快从传统农业向现代农业转型，随着农业机械化的应用解放了大部分农民的生产力，"服务规模化"的条件日渐成熟。在我国大部分村庄仍以分散小农户为主体的情况下，生产力提升不断催生的"服务规模化"迫使小生产者组织起来对接规模化服务的需求日趋强烈。然而，在大国小农的基本国情农情下，将分散且分化的农户组织对接规模化服务还存在诸多困难，将农户参与托管的潜在需求转化为有效需求的挖掘成本较高，无法形成规模效应。主要有以下几方面的原因。

第一，地块分散导致生产决策不统一。单个农户家庭拥有的土地规模小且分散，不利于机械化作业；同一片土地涉及多个家庭，众多的小农户决策分散且不统一，无法统一选择品种和耕作安排，使小农户难以与规模化的托管服务对接。

第二，农户分化导致组织化更加困难。为适应工业化城镇化信息化的趋势，传统农户生产经营情形发生了改变，一部分农户进城变成城市居民，另一部分留在农村的则成为现代农业下的新农户，进一步分化为纯农户、农业兼业户、非农兼业户和纯非农户。农业生产对不同农户来说已经有根本的差

异,一些农户仅将农业作为副业,完成简单再生产;一些农户却以扩大再生产为目标,追求农业规模和效益。这使得不同类型的农户对社会化服务的需求也存在相当大的差异。在这种情况下,要将差异化的农户组织起来,也存在诸多阻碍。

第三,农民专业合作社运作不规范。海南省第三次全国农业普查数据显示,在工商部门注册的农民合作社总数 15 147 个,其中,农业普查登记的以农业生产经营或服务为主的农民合作社 8 222 个。实践中,农民专业合作社在组织农民方面具有得天独厚的优势。然而,海南省农民专业合作社质量不高的问题普遍存在,有不少合作社有其名无其实,沦为"空壳社",部分正在运行的合作社存在管理不规范、无农民实质参与等问题,无法充分发挥组织农民的作用。

第四,农民现代化经营意愿不高影响对政策的认知。海南省大部分普通农户的农业生产经营观念还较落后,尤其是少数民族地区农户对采用先进农业生产技术、提升农业现代化水平,改善生活质量、追求高品质生活的意愿不强烈,靠天吃饭、得过且过心理较重。对农业生产托管这种现代经营方式的认可度较低,阻碍了农户组织化的实现。

7.2.2 供给方:托管服务供给不足,服务能力有待提高

海南省农业生产托管起步较晚,目前仍以试点为主,在缺乏相关政策扶持下,托管服务主体对面向小农户的托管经营动力明显不足,服务能力有限,农业生产托管处于低层次经营状态。主要存在以下几方面原因。

第一,交易成本高,不利于规模服务的开展。在分散的小规模农业生产格局下,各类托管服务主体与数量众多的小农户的合约关系,除了可能面临较高的交易成本和市场风险,还可能面临基础设施薄弱、制度保障缺失等问题。在缺乏相应的政策扶持下,托管服务主体对组织数量众多的小农户进行托管经营的动力明显不足。规模服务供给主体倾向于对接规模服务需求主体,因此对小农户存在"挤出效应"。随着服务的规模化程度不断提升,分散的普通农户极易被新型农业经营主体所替代和排斥,分散的小规模生产者只有组织起来,才能不被替代。

第二，专业人才匮乏，缺乏相应的管理经验。国内先进地区的农业生产托管已经开展了近30年，海南省还处于试点阶段，承担农业生产托管的服务组织还较少。部分农机合作社、农业企业、农民专业合作社等经营机构囿于缺乏专业的人才，缺乏运作经验，对农业生产托管望而却步，不敢轻易涉足经营。

第三，托管服务内容有限，服务供给不足。海南省的农业生产托管服务目前主要以关键环节托管为主，覆盖全产业链的全程托管还较少，农机合作社、供销社、农资经销商提供托管服务的动力主要还是在以服务换销量，促使农户购买农资。服务主体丰富服务内容、改善服务质量的动力还不足。近年来，提供农业绿色生产技术服务的经营主体日益增多，但仍处于分散发展、无序竞争的状态。服务主要是以水稻、橡胶、槟榔、芒果等大宗经济作物生产为主，对其他作物覆盖面较小。农业生产托管服务主体之间的联合服务较少，服务产品有限，无法满足区域化、全产业链托管需求。

第四，缺乏统一的服务标准，存在纠纷隐患。目前海南省农业生产托管还处于发展初期，海南省还未制定统一的作业标准和质量监管标准，各服务主体通过与农户的合同约定服务标准，管理较为粗放，口头约定或不规范的委托书使得农业生产托管处于低层次经营状态。农户法律意识缺失，部分农户虽然签订了协议，但受个人利益驱使，看到土地产出效益提高后，农户单方面毁约，由于缺乏有效的监督约束手段，使得托管合同被迫终止。

7.2.3 政府：宣传推广不到位，配套政策不完善

第一，基层政府对农业生产托管重视不够。近年来，土地流转一直是海南省各级政府主推的农业规模经营形式，各市县和乡镇基层政府对流转经营的大户给予政策扶持，对流转出土地的农户给予补贴，土地流转政策已深入人心。尽管海南省已试点农业社会化服务项目近5年，以农业生产托管为核心内容的农业生产社会化服务相关政策在基层宣传较少，基层干部对政策不了解，将农业生产托管与土地流转混淆，就无法推动工作。这也是农业生产托管农户参与率低的重要原因。

第二，配套政策不完善。目前，海南省对农业生产托管服务主体的扶持

政策非常有限，与托管配套的资金、金融信贷、专业人才、物质装备等方面的支持较少，政府监管不足，制度缺乏，主要以各服务主体自主经营为主。在海南省托管政策宣传力度较弱、农户参与率较低、政策支持力度较弱的情况下，服务主体很难有较强的积极性参与农业生产托管服务供给。同时，各服务主体产业链联合、区域联合较少，服务主体名录还未建立，各主体服务水平参差不齐，迫切需要建立统一的服务信息平台，进行服务资源整合，壮大服务力量。

第三，村"两委"动力不足。在分散的小农家庭经营基础上发展农业服务业，核心在于提升小农户的组织化程度。要满足小农户对农业生产性服务的需求，必须基于村庄共同体内的合作，才能实现区域内集中且专业化的经营。村两委组织作为连接政府、企业与农户的中介，不仅拥有组织优势，且因拥有村庄的完备信息和丰富的地方资源成为降低托管双方交易成本和沟通协调成本的现成主体。然而，现实中村两委组织参与农业生产托管的动力却不足。据不完全统计[①]，海南省无集体经营性收入的空壳村占行政村总数的35%左右，年经营性收入10万元以上的行政村不到10%，集体经济十分薄弱，以集体经济入股，联合其他服务主体共同提供农业生产托管服务的路径实施起来较困难。如果作为政府强制推行的政治任务，村两委自然也会去做工作，然而靠强制力来推动，既难持久，也难推广。如果没有政治上的压力，经济利益也可以提供动力，但目前村两委对农户的组织在农业生产托管中能产生的收益也十分有限。政府在政策设计时要充分考虑如何调动村两委的积极性，服务组织在服务开展中要充分考虑调动村两委发挥中介作用的驱动力。

---

① 引自2019年1月24日海南省委农村工作会议上李军副书记的讲话《深化农村改革　培育乡村振兴新动能》。

第八章
海南省典型农业生产托管服务模式

尽管海南省农业生产托管发展缓慢，农业生产托管项目推进滞后，但实践中，还是涌现出了部分典型的农业生产托管服务模式。

8.1 合作社带动型服务模式

农民专业合作社，是在农村家庭承包经营基础上，农产品的生产经营者或者农业生产经营服务的提供者、利用者，自愿联合、民主管理的互助性经济组织。农民专业合作社把小农户组织起来，实现弱者联合，是促进小农户与现代农业牵手、与大市场无缝对接的有效组织路径。海南雷丰芒果农民专业合作社（简称"雷丰合作社"）探索的以技术托管为依托带动农户开展芒果标准化生产的服务模式入选2021年农业农村部推荐的第三批全国农业社会化服务典型。雷丰合作社作为根植于本土的农民专业合作组织，其典型经验、做法值得深入研究。

8.1.1 合作社基本情况①

雷丰合作社成立于2007年10月23日，注册社员36名，注册地位于海南省陵水县英州镇海榆路，工商登记的经营范围包括果蔬（GAP标准）种植、特种养殖、加工、销售、运输、生产资料、种苗；农业技术服务；实验室检测分析、休闲观光旅游、民宿、信息商务咨询；互联网销售农副产品、农家乐、共享农庄、利用自产农作物制造蒸馏酒。合作社长期专注于芒果种植技术以及推广种植芒果的"全球良好农业操作规范（GAP）"，经过十几

---

① 部分信息引自海南雷丰芒果农民专业合作社官方网站 http://www.hnlfmg.com/。

年发展，已建成农民文化技能学校 1 所、农业研究所 1 个；在海南省乐东县、三亚市、东方市等市县累计设立分社 4 家、技术服务站 16 个、芒果监测点 120 个，为芒果全过程标准化种植管理提供技术服务；组建由国内外 46 位专家组成的科研团队，以常年跟踪生产、图文记录作为科研和追溯数据，专业从事农业"产、学、研、销"服务，为消费者提供安全优质的农产品。2010 年通过 SGS 欧盟 GAP 认证，并研发了富硒芒果生产方法，获得芒果栽培专利技术 1 项、著作权 4 项。在国家工商行政管理总局商标局*注册了"雷丰""良好"2 个商标，其中"雷丰"被海南省工商行政管理局授予"著名商标"称号；合作社的"涯之果"牌芒果被评为海南省优质水果、海南省名牌产品。2016 年被认定为海南省农民专业合作社示范社，2018 年由海南省推荐申报国家级示范社，并经海南省农业农村厅 2021 年组织的国家农民合作社示范社监测工作，认定监测合格。雷丰合作社以专注标准化生产、带动农户做强芒果产业的实践经验成功入选农业农村部 2020 年遴选的第二批 47 家全国农民合作社典型案例名单，以服务成员为宗旨，增强服务能力，让农民更多分享农业全产业链和价值链增值收益，助力脱贫攻坚，带领农户增收致富，促进乡村产业振兴。雷丰合作社建立安全有监管、质量有检测、产品有标识的工作规范，树立实施全球良好农业操作规范、健全农产品全程可溯源体系、服务永无止境的发展目标。

雷丰合作社立足于陵水，辐射全省，面向国内芒果产区，以"公司+合作社+农户+标准化"生产模式，推行海南芒果标准化种植技术，每年全程跟踪服务芒果面积 4 万多亩，辐射带动 10 万多亩果园应用芒果生产标准技术，目的是生产质量安全食品，减轻农业面源污染，保护生态环境，既指导合作农户科学种植，同时亦提升自身的产销能力。每个服务站都配备专车，签约服务农户超过 1 000 户，辐射面积占到海南芒果种植面积的七成以上。合作社在陵水拥有近 2 000 亩芒果种植基地，为三亚、乐东、东方、昌江等市县芒果种植户提供标准化生产技术服务。2014 年，雷丰芒果种植基地被农业部认定为"热作标准化示范园"。雷丰合作社先后承担"国家芒果生产标准化示范区""海南省现代农业产业园——芒果标准化产业园"建设，被

---

* 现国家市场监督管理总局。

评定为"海南省扶贫龙头企业"。2017年,陵水雷丰芒果通过中国国家质检总局专家组评定,成为海南陵水黎族自治县首个获得"中国国家生态原产地产品"称号的产品,实现了陵水生态原产地产品保护零突破,也是海南省首个芒果出口备案基地。2017年,雷丰合作社启动创建国家芒果生产标准化示范区,开展全方位、多层次的农业标准化工作。2019年,雷丰合作社承担的国家芒果生产标准化示范区项目以优秀等级通过国家标准化考核验收;以圣女果、芒果为主导产业的陵水国家现代农业产业园通过农业农村部、财政部认定。芒果生产标准化示范区内,按照海南芒果标准化种植示范体系管理果园,芒果平均每亩每年增产250千克以上。合作社法定代表人雷孔佃荣获海南省首届优秀农村实用人才奖。雷丰芒果已得到生产者和消费者的广泛认可,雷丰合作社带动了全省芒果种植。

8.1.2 托管服务运作机制

小规模农户(小农户)是我国农业生产经营的基本单位和重要主体。以小农现代化带动我国农业整体现代化,既符合历史逻辑,也是重要现实路径。根据海南省第三次全国农业普查综合资料统计,全省农业经营户115.32万户,其中规模农业经营户2.44万户,仅占全省农业经营户的2.12%,小农户在海南农业现代化的进程中占据着重要地位。因此,如何实现小农户与现代农业有机衔接是现阶段实现农业现代化的核心问题,也是海南乡村振兴和建设中国特色自由贸易港的关键所在。国外推进小农现代化的典型模式主要有4种(屈冬玉,2017):一是"消灭小农",以英国"圈地运动"为代表,大批农民被迫放弃土地进入工厂;二是组建合作社,荷兰的做法比较典型,推行农业合作社,推动"商品小农"向"现代小农"转变;三是建立农会或农协组织,典型代表是日本和韩国,但经营规模在2公顷左右的小农仍占较大比重;四是小农综合援助,印度推动第二次"绿色革命",推广计算机技术为农民提供技术和市场信息服务,通过小农场援助、特色产业信贷、投资补贴等政策,提升小农发展能力。小农户通过农业组织化途径来衔接现代农业是经实践证明的可行路径,其中主要途径是通过农民自愿联合形成农民专业合作社提高农民的组织化程度,将具有相似条件的小农户进行有机整合,以达到土地要素及其他资源要素的共同管理和规模化利用,进而实现规模效益。

雷丰合作社以市场为导向,采取"公司+合作社+农户+标准化+销售"的运营模式,以合作社为依托,以芒果社员经营为基础,以 GAP 标准为规范,以技术服务为手段,以实验数据为指导,以高品质芒果销售为终端的芒果产业化经营。雷丰合作社在为社员服务基础上,整合合作社资源,对外开展芒果生产托管经营服务,提供芒果从种到收的全产业链技术服务。服务基地包括合作社社员经营基地(核心基地)和辐射带动周边农户芒果标准化种植基地(非核心基地)。核心基地采取全程托管服务,由合作社统一种植、管理和销售,非核心基地以半托管模式提供农业技术服务,由农户按照标准化方案种植,合作社服务团队为农户提供菜单式的部分环节托管服务,提供"保姆式"技术服务指导。

生产托管组织方式。雷丰合作社以"村委会+合作社+农户"方式组织生产托管工作。合作社与农民直接签订生产托管协议,村委会负责监督。合作社采取民主集中制度,选出成员代表参与合作社的民主监督、决策和管理。合作社组织架构完整,设有理事长、副理事长、办公室、财务部、生产技术部、科研部和销售部等部门,生产流程制度、产品质量管控制度、财务管理制度等相关配套制度健全。合作社以土地流转、全程托管、半托管三种方式,经营芒果生产基地,还经营种苗、化肥、农药、农膜等农资。合作社联合商业银行为农户购买农资提供授信服务,联合保险公司为农户提供农业保险保障服务。

利益联结机制。雷丰合作社以确保农户利益为核心,建立了"合作保底+溢价收入"收益分配机制。合作社与农户均签订两份合同。一份是技术服务合同,签约农户承诺按照 GAP 标准化方案种植,合作社承诺确保果园产量不低于往年,且同一市场行情下售价高于市场平均水平 1 元/千克。另一份则是销售合同。合作社与农户约定按保底价收购,高出保底价时,农户承诺在同等价格下要优先卖给合作社,溢价部分合作社收取 3%~5% 的技术服务费。双方签订保底收购合同,合作社预付收购订金,配套提供相关标准化种植技术服务;农户可向合作社赊欠购买生产资料,科学种植芒果。农户的收入包括：一是保底价销售芒果收入；二是科学种植后获得的芒果增产收入；三是高于保底价的市场溢价收入。农户的费用包括：一是托管服务的技术服务费；二是偿还赊欠合作社的生产资料费用。合作社在抵扣技术服务费和赊欠生产资料费用后的收购款余额以现金方式支付给农户。雷丰合作社的收入包括：一是芒果产品统一销售收入，按标准化种植技术生产的芒果品质可靠、产量提升，高品质产品获得了较高市场占有率；二是生产资料销售收入，农户购买和使用合作社提供的平价植物营养剂、调节剂等生产资料；三是托管服务费，合作社社员可免费享受芒果种植技术服务，非社员农户只需支付少量的技术服务费。合作社则在芒果生产流程管理、质量安全和品质管控、产品运输、贮存、包装、营销和农民培训等方面加大投入。技术和销售双管齐下，通过标准化种植，专业化管理，品牌化经营，多举措确保农户的利益，实现了农户与合作社的双赢。

8.1.3 取得的成效

一是农民提技增收。农户学习芒果种植标准化管理，掌握统一简化的技术，按照芒果标准化种植规范体系管理果园，有力提升了当地农户的芒果种植水平，果园增产明显，果品品质大幅提升，芒果种植收入持续稳定增长。

二是产品品牌效益显著。依靠农户的标准化种植和合作社专业化管理、品牌化运营，芒果品质和产量得到保证，雷丰芒果批发单价比普通芒果高好几元，雷丰品质得到消费市场的认可，打响了海南芒果品牌。特色产业活了，农民腰包鼓了。

三是托管服务范围不断扩大。合作社服务范围从陵水扩展到海南省周边市县，辐射全省芒果主要产区，在标准化种植示范区和示范基地的带动下，越来越多的农户加入标准化种植队伍中，雷丰合作社的全球良好农业操作规范受到越来越多果农的认可，合作社农业社会化服务范围不断扩大。同时，合作社社员可免费享受技术服务的利好吸引越来越多的农户加入到合作社，有效地扩大了合作社统一规模化经营的面积。以东方市为例，合作社在东方市政府的支持下，在江边乡、东河镇、大田镇、公爱农场均建立了农业标准技术服务部，并与当地村委会签订了《整村推进芒果产业扶贫合作合同书》

和《芒果产销协议》。用农业社会化服务标准化串起分散的芒果种植农户，2021 年受益农户已达 1 000 多户，覆盖全省 4 个市县、7 个乡镇、4 个农垦农场[①]。

8.1.4 典型经验

（1）聚焦优势特色芒果产业

芒果是世界著名热带水果，有"热带果王"之称。在种植区域上，我国芒果优势产区包括广东、广西、海南、云南、福建、四川和台湾等省区，其中海南是我国芒果主要产区之一。海南属于热带地区，四面临海，典型的热带气候，雨量充足，土地肥沃，种植芒果条件得天独厚。海南芒果主要品种包括台农、金煌、贵妃、澳芒、象牙、红金龙和红玉等，口感好，品质优，维生素含量高，深受消费者青睐。芒果产业既是海南省的特色产业，也是海南省农业经济的重要支撑性产业，是海南做大做强热带特色高效农业的重点产业。

从全国芒果产区来看，2020 年全国芒果种植面积 34.34 万公顷，其中广西 10.36 万公顷，云南 10.16 万公顷，海南 5.82 万公顷，三省（区）种植面积占全国的 76.7%，是我国芒果三大主产区。2020 年海南芒果种植面积居全国第三，占全国的 16.9%。海南省一直是我国芒果生产大省，在 2013 年以前芒果种植面积和产量一直居我国首位。2013 年起，广西、云南芒果种植面积增长迅速，且连续保持较快增长速度，广西、云南芒果生产赶超海南。从海南省占全国芒果产区种植面积比重来看（图 8-1），海南的占比逐年下降，从 2010 年的 34.3% 下降到 2020 年的 16.9%。数据显示[②]，2021 年海南芒果出岛数量占出岛热带水果的 40% 以上，可见海南芒果在热带水果产业中占据重要地位，是带动海南果农增收致富和带动区域产业振兴的有力抓手。随着国内广西、云南等省份芒果产量逐步上升和品牌影响力日益显著，加上东南亚进口芒果的低成本优势，海南芒果面临着"内忧外患"

---

① 引自《标准串联小农户 服务结出金芒果：国家芒果生产标准化示范区建设纪实》，中国市场监管报，2021 年 12 月 13 日。

② 引自《海南公用品牌产业观察之芒果篇：国内芒果品牌市场竞争激烈，海南芒果如何"突围"？》，南海网，2022-04-13。

的激烈市场竞争，海南如何突围，提高芒果产业竞争力，需要寻求一条崭新的发展之路。

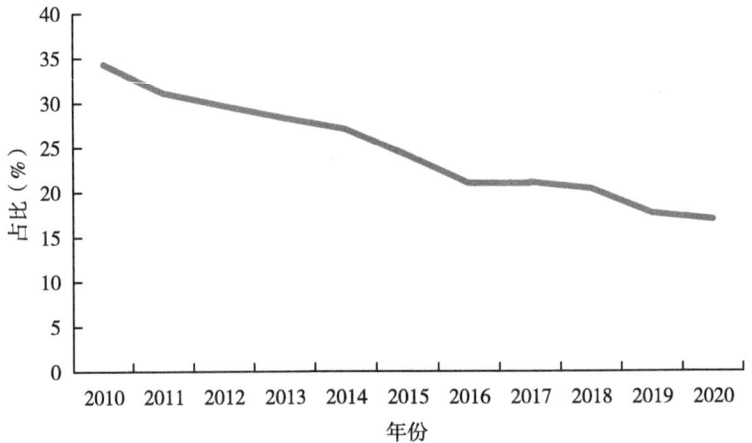

图 8-1 海南省芒果种植面积占全国产区的比重

数据来源：农业农村部农垦局统计，《全国热带南亚热带作物生产情况》（2010—2020）。

从海南省来看，2020年芒果种植面积占全省园林水果的32.6%，是海南省第一大水果。三亚、乐东、陵水、昌江、东方是海南芒果主要产区，占全省总面积的75.1%。其中三亚是海南芒果最大产区，2020年芒果种植面积达2.4万公顷，占全省的41.9%；年产量达40.2万吨，占全省的52.5%（图8-2）。《海南省"十四五"推进农业农村现代化规划》提出，做精做优做强芒果、水果型椰子、早熟荔枝等热带水果高效产业，规划布局三亚、乐东、陵水、昌江、东方为芒果产业优势区。雷丰合作社服务范围已覆盖海南省5个芒果产业优势区，在标准化种植示范区带动效应下，芒果品质得到保障，市场占有率逐步提高。雷丰合作社探索的以技术托管为依托、带动农户开展芒果标准化生产的服务模式为提高海南芒果产业竞争力开辟了新的路径。

（2）标准化生产、精准化服务

以标准化生产推进芒果科学种植。雷丰合作社托管服务的核心是推进标准化种植，按照全球良好农业操作规范（GAP标准），依托专业的社会化技

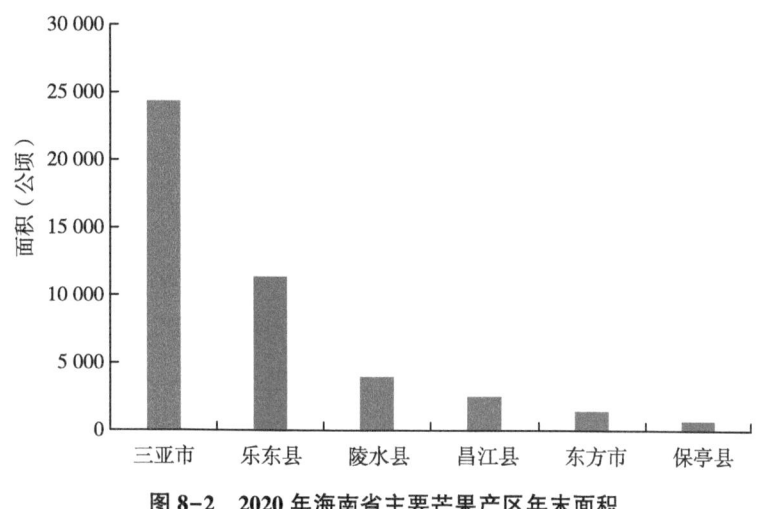

图 8-2　2020 年海南省主要芒果产区年末面积

术服务团队，指导农户科学种植管理芒果。合作社用标准把小农户串联起来进行现代化生产，使所服务的农户与合作社种植基地做到"二同"（同标、同质）和"五统一"（统一品牌、统一农业投入品、统一安全检测、统一产品标识、统一包装销售），带动芒果产品质量和价值双升，农民收入也水涨船高。

以精准化服务对接小农户。合作社对签约农户采取一对一技术服务。每位签约技术服务农户的果园都会挂上一块技术服务登记牌，技术团队到农民芒果地跟踪调查芒果果园的情况，通过拍照上传到合作社的管理系统存档，进行生产全程跟踪。在与农户签订合作协议后，首要任务是教农户养树。技术人员先对芒果地里的土壤、水、植株等进行"体检"，检测不同地域植株营养状况、灌溉水以及土壤的有机质和大中微量元素，为农户的芒果树建立档案，并制定科学的作物全生育期解决方案。合作社把厚达 300 页的 GAP 标准、复杂的芒果种植技术，简化成农事月历，发放给农户。遇到难题，直接通过电话咨询技术人员，方便又科学。

（3）强化示范推广

雷丰合作社是海南省农业科技 110 陵水热带果蔬服务站，在海南省农业科技 110 的指导下，合作社将自身种植与示范推广紧密结合，依托技术优势，逐步扩大种植面积和服务规模。2017年2月，经国家标准化管理委员会批准，雷丰合作社启动创建国家芒果生产标准化示范区，开展全方位、多层次的农业标准化工作。在示范区项目建设下，陵水芒果标准化生产示范种植面积从几百亩扩展到15 256亩。在示范区项目建设过程中，合作社将现代生产要素及其标准体系导入一家家分散的农户。围绕土壤改良、种苗培育、种植管理、包装运输、品牌建设等关键环节，积极将种植管理经验转化为标准，编制形成了以技术标准为主体，工作标准和管理标准相配套的雷丰芒果生产经营标准体系，其中包含国家标准21项、行业标准15项和企业标准14项，有效提升了农业经营集约化、标准化、绿色化水平。2017年，雷丰合作社获批为省级现代农业产业园，产业园立足于陵水，辐射全省，面向国内芒果产区，以推广良好农业操作规范为主，以"合作社+农户+标准化生产"模式对农户进行农业实用标准技术培训，培养职业农民。2019—2020年，陵水标准化生产示范区共集中培训26场1 026人次，发送标准化技术资料8 000多套；采取深入田间地头、电话、微信等方式，服务指导农户约8 600人次①。

整村推进示范。合作社依托46位专家组成的技术团队和在全省设立的4个分社16个技术服务站，为农户提供"保姆式"服务。随着示范区效益不断显现，合作社服务范围不断扩大。如东方市，合作社在东方市政府的支持下，成立乡镇农业标准技术服务部，与村委会签订技术服务合同和产销协议，实现了芒果整村全域推进标准化生产，大大提高了服务规模，有力推进了现代生产要素在小农户生产中的应用。在流转土地实现农业规模经营受限的情况下，通过统一技术、标准化种植来实现分散经营下的产品质量相对统一的服务规模经营，农户的参与性更高，有利于提高服务供给规模。

（4）打造产销一体化

雷丰合作社通过与农户同时签订技术服务合同和销售合同实现生产与销售的有效对接。合作社在开展农业社会化服务过程中，面对众多的分散小农

---

① 引自《标准串联小农户　服务结出金芒果：国家芒果生产标准化示范区建设纪实》，中国市场监管报，2021年12月13日。

户，合作社采取一对一技术服务，开展服务的成本较高，如果服务规模较小，势必严重影响托管服务经营效益。为弥补技术服务团队的运转费用不足，一方面合作社通过签订技术服务合同，确保农户的芒果生产符合种植规范，保障产品品质；另一方面通过签订芒果销售合同，稳定合作社的销售渠道和产品来源，合作社以自身的品牌化运营管理，获得产品销售的超额收益，加之农户通过合作社采购农业生产资料，芒果产品和农资销售收入可以在很大程度上弥补开展托管服务的运营成本亏损，实现了合作社可持续运营。

(5) 注重资源整合和服务创新

注重产品研发和品质管控。雷丰合作社成立了1个农业研究所，联合德国慕尼黑工业大学、西班牙马德里大学、中国科学院、中国农业大学、中国热带农业科学院等国内外科研单位，组建46位专家组成的农业标准化技术服务队伍。设立科研部，专业从事芒果生产技术研发；设立销售部，负责芒果采后商品化处理加工过程的质量安全。

注重服务创新。雷丰合作社联合太平洋保险公司，积极为合作农户提供农业保险服务，降低自然灾害风险，为农户吃上"放心丸"。合作社还积极探索数字化信息技术服务。从2014年开始，合作社先后推出了芒果钉钉管理系统、《雷丰芒果周报（电子版）》、抖音技术科普账号、微信公众号"在线问答"程序，通过社交平台进行直播，在网络平台发布芒果标准化生产技术视频、文章等，借助网络指导生产，完全解放农技员的生产力，让所有接入互联网的果农都能及时获得合作社的专业技术服务。据合作社负责人介绍，合作社将整合产业资源，探索打造数字化芒果产业链，推出雷丰农业产业互联网App，从生产到销售，打造完整的产业闭环，切实解决果农的生产顾虑，满足消费者对优质农产品的需求，助力果农增收，助力乡村产业振兴。

8.2　农事企业带动型服务模式[①]

农业农村部2021年发布的《加快发展农业社会化服务的指导意见》（农

---

① 部分信息引自五田家微信公众号、新闻媒体报道。

经发〔2021〕2号）指出，要把专业服务公司和服务型农民合作社作为社会化服务的骨干力量，大力发展多元化多层次多类型的农业生产性服务。随着城乡融合发展，乡村吸引了大量工商企业、社会资本投资农业农村事业。位于海南省海口市琼山区的五田家控股有限公司（简称"五田家"）入选农业农村部2021年批复的全国100个农业社会化服务创新试点组织。

8.2.1　企业基本情况

"五田家"是"无添加"的谐音。海南五田家农业发展有限公司成立于2014年，五田家控股有限公司成立于2016年，是一家以现碾米为主的无添加农产品全国连锁，以五谷杂粮、现场榨油、米、面和特色的原产地资源为主，以传统品种、传统工艺、传统味道和不过度加工为主要特征。由于海南水稻种植较少且分散，产品质量不稳定，五田家原采用的现碾米以北方稻谷为主，但是海南籼稻拥有一年可产两季、生长快、周期短的优势，公司着手在海南建设自己的水稻种植基地。在琼山区政府的引导帮助下，五田家将水稻核心种植区放在该区红旗镇，五田家公司旗下海南昇田农业开发有限公司于2019年1月与红旗镇墨桥村委会平塘村10位农户率先签下订单，立足村域富硒资源优势，突出产业特点，严格按照种植标准，推动50亩富硒有机稻米试验种植。自此，"琼山福稻"被正式命名。企业按照严格的种植标准，指导和管理农户种植水稻，再负责收购，最后通过"五田家"直营连锁店销售，实现与社区对接，直达终端客户。经过小范围的试验后，2020年，五田家和墨桥村签订了5 500亩生态优质水稻订单。以墨桥村为原点辐射周边村落。2021年早造种植面积扩大至28 310亩，帮助3 600个签约农户创收4 000万元。截至2022年初，五田家在琼山区的水稻种植面积已达5万亩。琼山福稻基地种植面积从最初的50亩到5万亩，种植户从10户到3 600户，人均收益提升3 400元[①]。水稻基地以红旗镇为主，并辐射至旧州镇、三门坡镇、甲子镇、云龙镇、大坡镇等乡镇。琼山区政府计划以红旗镇墨桥村委会北林洋为中心，辐射连接琼山辖区周边乡镇的14个连片田洋，

---

① 引自《"琼山福稻"品牌创始人林星：让农民成为令人向往的职业》，海南特区报，2022-04-15。

建设覆盖全区各镇约 5.5 万亩的琼山福稻生产基地。

五田家与琼山区合作打造"琼山福稻"农业品牌，投资建设福稻现代农业产业园，开展琼山福稻项目，依托琼山区生态优质水稻资源和"五田家现碾米"连锁，以政府+企业+农户的合作方式，通过专业研发，全力打造品牌，大力打造契合海南自贸港新高度的优质高端大米品牌，为热带稻区粮食提质增效、乡村振兴提供科技保障。同时构建起以现代生态农业技术为支撑、规模化生产运营为依托、产业化龙头企业带动的现代高效农业产业集群。五田家坚持"产地控制+现场加工+全国连锁销售"的方式，为人们提供营养健康食材一站式购齐放心服务，成为海南单体种植水稻面积最大的民营企业。2020 年 9 月，"琼山福稻"荣获"2020 海南（行业）十大公信力品牌"称号。目前，五田家在省内外连锁门店达 22 家，会员家庭超 15 万个，"琼山福稻"产品月销售量达 5 万件，成为海南品牌农业的一面旗帜（柯佑鹏，2021）。五田家创始人林星被农业农村部授予"2021 年度全国粮食生产先进个人"称号。

8.2.2 托管服务运作机制

（1）企业经营模式

五田家自 2014 年创立至今，经过 7 年多的发展，从单一的无添加农产品销售公司，成长为跨业态经营企业集团，构建了从田间到餐桌的覆盖水稻全产业链的商业化经营模式，包括生产、加工、营销、服务等多个环节的"全产业链"管理模式。一是把建设水稻种植基地作为确保大米加工品质和核心竞争力的重要基础，坚持生态化、绿色化种植。为破解海南水稻品质不稳定难题，五田家引进和选育优质稻品种，构建生态安全栽培技术体系，与合作社、农户合作建设优质水稻种植基地。立足琼山区得天独厚的富含矿物质元素的土壤、水资源优势，实施土壤有机肥改良技术和生态循环技术，从育苗到收割，均采用有机农业种植模式。"水水旱"的轮耕种植模式使土地综合年产值增收 4 000 元/亩[①]。二是通过订单农业发展优质稻生产，确保优

[①] 引自《网红好物不可错过！琼山福稻溯源直播在海口五田家旗舰店登场》，南海网，2020 年 12 月 06 日。

质稻米的稳定供应。公司统一提供优良品种给农户种植，签约农户按照五田家种植标准生产，均按照统一订单价回购，订单收购价较传统稻谷市场价提升20%。三是建立市场化的稻米营销体系。在琼山福稻的品牌引领下，五田家开发琼山福菜、福茶等福系列产品。依托五田家自有的省内外连锁门店，琼山福系列产品迅速进入全国消费市场。联合阿里巴巴数字乡村建设项目开展琼山福稻溯源直播活动，通过产地溯源、现碾加工、产品介绍、包装展示、鲜度检测和烹饪技巧分享等环节，全面推广琼山福稻糙米品牌，助力区域电商经济发展。发展粮食电子商务，推广"线上粮店"等新型粮食零售业态，促进线上线下融合。五田家已形成生产、加工、销售、服务一体化的完整产业链。

(2) 生产托管组织方式

五田家采取"政府+企业+农户"的合作模式，实施土地托管，让水稻种植技术愈发科学高效，为村民增收提供有力保障。五田家与琼山区政府、乡镇政府和村委会合作共建琼山福稻项目，以政府为纽带，以社会化服务为抓手，以科技为支撑，以订单为保障。在琼山区委、区政府的引导下，政府积极完善基础设施，五田家与村委会签订优质水稻生产订单。农业主管部门在相关政策、项目执行方面给予支持和指导，区镇村等各级干部联合五田家深入农户中做动员沟通工作。村委会将分散的小农户组织起来，既降低了公司沟通成本，又提高了土地经营规模和服务规模。

(3) 托管服务方式

五田家与农户的托管服务方式分为3种。一是土地流转，农户租地给公司，收获租金。五田家将流转来的土地集中统一经营，由五田家提供全程农业社会化服务，并获得土地经营的全部收益。二是全程托管，农户与五田家签订合作协议，农户将土地全程委托给五田家经营，农户"雇佣"公司来种，农户向公司支付托管服务费；公司承诺农户保底收益，溢出收成共享。全程托管方式主要是采取整村推进，通过村集体经济组织流转土地后，村委会把土地托管给公司，统一选品、统一购种、统一管理、统一服务、统一收购，提高了集约化程度。农户从农业生产中解放出来，成为基地技术员、管理员，由传统农民转变为知识型农民。在整村推进实施土地托管后，五田家联合当地政府开展系列特色农旅活动，促进了一二三产融合发展。三是菜单式托管，公司与农户签订产品收购订单，公司统一提供优良品种免费给农户种植，均承诺按保底价格进行统一回收销售，并在种植过程中统一提供技术咨询服务和社会化服务。农户按照公司的技术标准种植，根据各生产环节的需求委托五田家提供菜单式技术服务。五田家提供的菜单式服务主要集中在机耕、机防、机收、粮食烘干服务等方面。为减轻土地租金成本压力，五田家以土地托管服务为基础的订单农业模式为主，土地流转模式为辅，保障了公司的可持续经营。

（4）利益联结机制

对于整村托管的农户，村委会代表全村农户与五田家签订土地托管协议，并由农户代表签名确认，约定产品收益分配方案和托管服务费标准。对于菜单式托管的农户，五田家与农户签订土地托管协议，按照农户的定制需求开展部分环节托管服务，公司按照约定价格收购农产品，收购价一般高于市场价，村"两委"和镇农业服务中心作为第三方见证。农户的收益来源包括：一是产品销售收入，按收购价获得产品收益；二是土地出租价格，对于流转出土地的农户获得固定的租金收入。农户需支付全程托管的服务费或部分环节托管的费用，对于部分环节托管的农户还需承担水稻种植过程中的生产投入。五田家的收益来源包括：一是流转土地统一经营的产品全部收益；二是土地托管的服务费，通常从用于支付给农户的产品收购订单款中抵扣；三是产品面向市场销售的溢价收益；四是拓展农旅融合的增值收益。五田家需支付土地租金，在水稻种植管理、农民培训、农机装备、产品运输、贮存、包装、营销等方面加大投入。村集体经济组织通过组建合作社、成立服务队等方式在参与开展土地托管过程中可以获得一定的服务费用。公司、农户、村委会三方建立了良好的合作关系，实现了三方共赢。

8.2.3 取得的成效

一是全力保障粮食供给，打响"琼山福稻"品牌。五田家突破了传统水稻种植的理念，与相关科教机构合作共建优质稻产学研创新示范基地，通过专业研发、绿色高效、智慧管控、科技创新，将绿色与高效型技术相结合,全力保障琼山福稻基地高品质水稻,助力琼山区完成藏粮于地、藏粮于技的粮食安全任务。联合琼山区政府、乡镇和村委会,合力打造"琼山福稻"品牌,开展线上线下系列品牌推广活动,营造"科学种好稻"的良好氛围,打造契合海南自由贸易港新高度的优质高端大米品牌。同时,充分发挥"琼山福稻"品牌引领作用,带动了"琼山福菜""琼山福茶"等品牌农产品的生产销售。五田家坚持绿色、健康食品的理念,越来越多的消费者产生了"煮好米吃好饭,找琼山福稻"的印象。

二是用"福稻"带"富路",推动当地经济发展。五田家致力于推动水稻提质升级,破解传统水稻种植低产低效瓶颈,以品牌发展之路带动水稻产业,让种粮有效益有奔头,有力促进了琼山区撂荒地复耕复种,减少耕地非粮化。琼山福稻旅游文化节等文旅活动拓展了水稻产业链,提升了水稻种植附加值,旨在将福稻节打造成为农商文旅深度融合的优质品牌。福稻种植不仅成为当地农民致富增收的重要支柱,福稻经济也成为带动乡村旅游发展和乡村振兴的新引擎,带动村民回流乡村,助力消除空壳村和空心村。

三是以农机服务为引领,实现服务规模经营。在琼山区政府、镇、村干部大力支持下,土地流转与整村托管合力推进,福稻基地实现了较大规模的连片种植,五田家整合产业链服务资源,实现了连片土地机耕、机播、机防、机收、粮食烘干等机械化作业,有效降低了分散土地的农业社会化服务成本,极大提升了五田家农业社会化服务规模,以先进生产要素提升了水稻种植的现代化水平,让农民分享更多的农业现代化红利。

8.2.4 典型经验

(1) 聚焦重点农产品,重视水稻提质增效

保障粮食作物托管服务需求、确保国家粮食安全,是国家加快推进农业生产托管的重要意义。2021年中央农村工作会议强调,保证粮食安全,党政同责,粮食主产区、主销区、产销平衡区都要保面积、保产量。近十年来,海南省粮食作物播种面积逐年下降(图8-3),海南省是粮食主销区,粮食自给率低,粮食产量和需求缺口较大,面临着较大的粮食保供压力。

海口市是海南省粮食保供任务的重点区域,2020年海口市水稻种植面

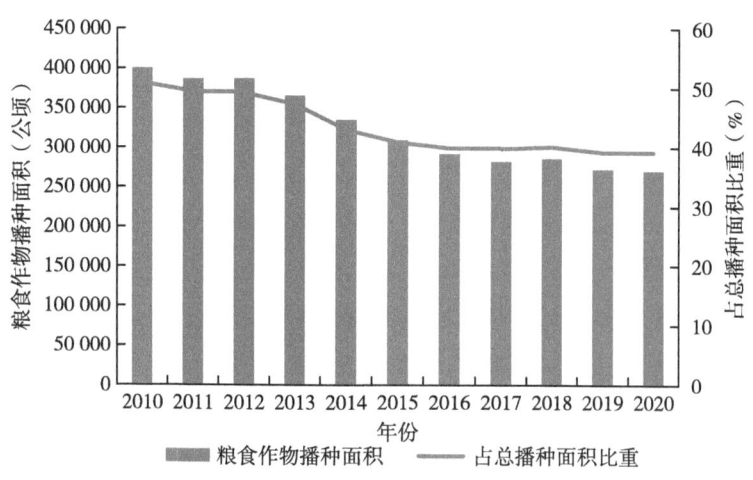

图 8-3 海南省粮食作物播种面积变化情况

积 16 927 公顷，居全省第 6 位；总产量 8.63 万吨，居全省第 7 位（图 8-4）。琼山区是海口市水稻传统种植区域。五田家以粮食作物水稻生产服务为核心，以水稻传统优势区为核心基地，立足琼山区农业发展实际，符合国家和地方政策发展方向，在项目前期协调、立项、实施和推进上较容易获得政策支持和政府扶持。

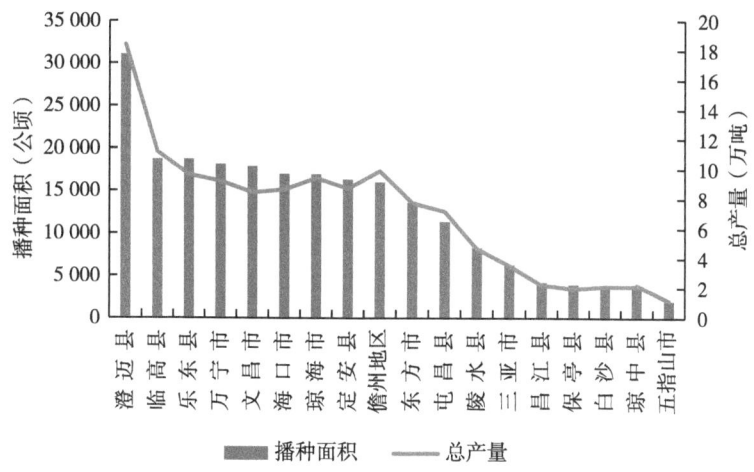

图 8-4 海南省各市县 2020 年水稻播种面积和总产量

长期以来，海口市琼山区水稻种植技术落后，农户种粮效益低下，产生了不少土地撂荒；农户主要以水稻种植为主，农业效益低下，农村产业结构单一，大量农村劳动力外流，出现"空壳村"。五田家瞄准红旗镇墨桥村村域富硒资源优势，引进高产高效水稻栽培技术，推动富硒有机稻米大面积种植，以墨桥村为圆点辐射周边乡镇，带动全区水稻产业提质增效。作为琼山福稻的经营主体，五田家依托海南发展南繁育种的天然优势，推动"种子革命"，短短3年多时间，琼山福稻基地的水稻品类数量实现了从1到53的跨越式增长。该基地正与海南省农业科学院粮食作物研究所开展合作，执行袁隆平院士团队的"杂交水稻双季亩产3 000斤超高产栽培技术示范项目"试验田35亩，以及谢华安院士担任首席科学家的"高产高效再生稻品种筛选及生产技术的应用示范项目"试验田25亩。此外，还有五田家自营的试验田。这些试验田将新的管理种植理念和技术传授给本地村民，为培育筛选优质稻米提供更多科技力量。五田家通过绿色高效生产、智慧技术管控、品牌化运营，实现了琼山福稻优质优品，打响了"琼山福稻"这一特色农产品品牌，将琼山福稻变区域性知名农产品为全省乃至全国性知名农产品品牌，让农民增收、农业增效。

(2) 与政府密切合作，充分发挥集体经济组织"统"的功能

各级政府创造了良好的营商环境。红旗镇积极探索"米袋子"发展模式，大力推进"一村一品"，推行"企业+基地+农户"的经营模式，引入五田家投资建设琼山福稻现代农业产业园。在项目立项和执行过程中，政府主管部门帮扶力度很大，尽可能给企业提供更多的便利，协助企业做好群众思想动员和沟通工作。当地政府结合"琼山福稻"品牌推出"琼山福稻旅游文化节"，培育了"农业+旅游+电商"新业态，带动乡村旅游消费，丰富产业结构。琼山福稻亮相中国（海南）国际热带农产品冬季交易会，福稻生态米种植基地也成为"丝路海口·田园综合体"国家级建设试点项目所在地。

村集体统筹作用凸显。《农业农村部关于加快发展农业社会化服务的指导意见》（农经发〔2021〕2号）提出，要把农村集体经济组织作为组织小农户接受社会化服务的重要力量，充分发挥其居间服务的优势。五田家的水

稻基地建设自始至终离不开当地村委会和村集体经济组织的统筹协调。村委会在组织动员农户参与农业生产托管、参与优质水稻种植中起到了重要的作用。在村委会的组织协调下，五田家得以推行整村托管和土地流转。五田家与村集体经济组织签订托管协议和订单销售协议，大大降低了五田家对接分散小农户的沟通协调成本。

（3）以社会化服务为抓手，以订单为保障

五田家探索了多种农业社会化服务实现路径。一是以整村托管实现规模化服务，村"两委"有带富群众的愿望和动员群众的组织优势，五田家有闯市场的能力和生产管理的专业优势，村委会与五田家签订整村全程托管合作协议，并由党员干部带头，率先接受托管服务，用实际托管成果来打消村民顾虑。同时，由村干部带头和服务队伍进村入户开展生产托管服务宣传培训，引导村民转变观念，自愿参与生产托管。二是以土地流转实现土地和服务双重规模化，促进农业规模经营。进一步提高集约化程度，通过农村集体经济组织流转土地，五田家受托统一耕种、统一收割。农民从农业生产中解放出来，有了更多从业选择机会。三是托管服务"线上线下"齐发力。目前，五田家打造了一套智慧水稻服务标准（水稻服务资源标准体系、水稻资源交易标准体系、水稻对外支付接口标准体系、对外物流仓储接口标准体系、数据安全标准体系、水稻服务双向信用考核标准体系），一个智慧水稻服务平台（包括智慧水稻基地、滴滴农服、水稻产业推广平台、公益型服务平台、家门口的碾米仓等），构建一个核心功能——滴滴农服，滴滴农服服务流程为：依托全国农业社会化服务平台，选择服务项目→填写地址预约上门→操作人员接单→电话联系上门服务→操作完成验收结算→服务评价（柯佑鹏，2021）。2021年5月，由五田家自主研发的"爱农宝"服务平台正式上线，可实现农资、农机、农技、农户等资源的在线匹配。五田家专门成立了农机专业服务队和农机专业合作社，全程机械化年服务能力可达100 000亩。发展粮食电子商务，推广"线上粮店"等新型粮食零售业态。通过机械化作业，在线下单，探索出智慧农业的新路子。

订单农业保增收。五田家与农户采取"统一选品、统一购种、统一管理、统一服务、统一收购"的合作发展模式，采取推广规模种植、订单收购、定向收储、定点加工、全程托管、新品种就地转化等措施,农户种植结束后由五田家统一回收销售。2020年首批琼山福稻亩产较传统品种提升30%,订单收购较传统稻谷市场价提升20%①,在保证水稻质量的同时又提高了种植户收入。同时,统一订单价稳定了合约,确保了货源数量和品质,为五田家开展持续运营和产品营销提供了保障。

(4) 积极拓展产业链,打造产业化联合体

整合服务资源,探索融合发展的"联合体"模式。五田家瞄准稻农生产经营需要、拓展服务领域、创新服务方式、扩大服务范围,成立农机专业合作社,组建龙头企业牵头、农民合作社跟进、广大小农户参与的农业产业化联合体,引导供应源统一价格、强强联合、有序竞争,促进农业生产与加工、流通、销售、旅游等产业相互连接、交叉融合。五田家联合相关主体计划建设1座300吨的大米冷库、1座日产100吨无尘大米的加工厂以及相关配套设施,拓展水稻产业链,提升稻米附加值。

打造新产业新业态,增强产业融合发展新动能。五田家与琼山区政府联合打造农旅产业带,持续推动农旅深度融合。结合"琼山福稻"品牌推出"琼山福稻旅游文化节",带动乡村旅游消费;开展琼山福稻溯源直播,宣传"琼山福稻、福菜、福茶"系列新品,培育了"农业+旅游+电商"新业态。正在施工建设的"乃粒慧智水稻科普馆",将成为智慧农业数据监控中心,用于监控琼山福稻核心基地水稻生长情况。五田家正推进红旗镇墨桥村稻香驿站项目,逐步完善共享农庄等功能,打造建设"自贸港未来乡村";联合琼山区打造高效农业体验中心,深度挖掘琼山特色农产品品牌内涵。福稻经济成为带动乡村旅游发展和乡村振兴的新引擎。

依托五田家旗下公司业务板块,通过五田家连锁(核心业务)、昇田农业(农业开发、供应链管理)、乃粒文旅(休闲农业)、慧田数据(数字农业)、五爸农产品(农产品批发、农产品进出口贸易)、智农教育和金田金融等七大板块,五田家致力于构建水稻产业命运共同体发展模式,打造水稻产业链闭环生态圈(柯佑鹏,2021)。

---

① 引自《海口火山·琼山福稻上市 溯源直播网红带货》,新浪网,2020-12-07。

8.3 平台带动型服务模式

在传统农业向现代农业转变过程中，随着大数据、云计算和人工智能等新一代信息技术的快速发展，数据已成为数字时代的基础性战略资源和革命性关键要素，数字产业化和产业数字化进程加速，数字农业、智慧农业使信息技术与农业各个环节实现有效融合，对改造传统农业、转变农业生产方式具有重要意义。平台经济是数字经济时代背景下的新的经济模式，也是我国经济发展的重要力量。《农业农村部关于加快发展农业社会化服务的指导意见》（农经发〔2021〕2号）指出，推动农资企业、农业科技公司、互联网平台等各类涉农组织向农业服务业延伸，采取"农资+服务""科技+服务""互联网+服务"等方式，推进技物结合、技服结合，实现业务拓展、创新发展。海南省农业社会化服务过程中，也涌现了一些线上线下资源共享的服务平台发展模式。本节以中化农业MAP平台和多元公司槟榔服务平台为例。

8.3.1 中化农业海南经作MAP模式[①]

中化农业作为中国中化集团有限公司（简称"中化集团"）的核心业务之一，是中国领先的农业投入品（化肥、种子、农药）和现代农业服务一体化运营商。中化农业于2017年创新商业模式，提出打造现代农业技术服务平台MAP（Modern Agricultural Platform）模式，并全面实施，MAP平台可为农户提供线上线下结合的农业生产托管服务。2021年，中化农业湖北省宜昌市分公司入选全国农业社会化服务典型名单，中化现代农业有限公司被农业农村部办公厅确定为全国农业社会化服务创新试点组织，并成功入围"中国数字经济产业示范样本50"名单。

8.3.1.1 平台基本情况

2016年底，中化集团成立中化集团农业事业部（简称"中化农业"），负责集团农业业务整体运营管理，主要有化肥业务、种子业务、农药业务和

[①] 部分信息引自微信公众号"先正达集团中国""中化农业海南"，以及官方网站"先正达集团中国""中国中化集团有限公司"及新闻媒体报道。

农业服务业务四大业务板块，拥有中国种子集团公司、中化化肥有限公司、中化现代农业有限公司三大业务平台，并依托中化作物保护品有限公司开展农药业务。其中，中化现代农业有限公司是中化集团全资子公司，成立于2015年，是中化集团农业板块的核心企业，是集团农业服务业务的统一平台，统筹调配农业事业部的四大业务板块。为推动现有业务模式转型，中化农业于2017年4月正式提出并实践打造中化农业的MAP模式，即现代农业技术服务平台，聚焦"耕地适度规模化"和"依靠科技把地种好"两大难题的解决，立足于服务农业产前、产中、产后全环节，为农户和新型经营主体提供线下线上相结合的农业综合解决方案，改变单纯依靠渠道分销产品的传统模式，推动农业现代化转型。2017年11月，首家MAP技术服务中心在安徽庐江揭牌启用。截至2021年底，MAP已在全国29个省、657个县建成运营492座MAP技术服务中心，开发3 117个MAP乡村服务站，直接服务面积1 912万亩，联农带农230万余户，帮助农民平均提高综合收益达到15%。中化农业目前正以MAP模式为主要抓手，发挥龙头企业带动作用，在保障国家粮食安全和推进农业现代化转型方面主动作为。

2020年1月5日，中化集团、中国化工集团有限公司（简称"中国化工"）宣布将下属全部农业板块资产进行战略重组，全新的先正达集团应运而生。完成重组后的先正达集团，共包括"先正达植保""先正达种子""安道麦""先正达集团中国"四大业务单元，以行业领先的产品和综合解决方案服务于全球客户，致力于通过突破性的产品和技术推动农业转型，在助力食品链以安全、可持续及环保的方式养活全球人口方面发挥至关重要的作用。作为中国农业的创新引擎，"先正达集团中国"立足中国、参与全球运营，其业务领域包括植保、种子、作物营养、MAP与数字农业。其中，MAP与数字农业业务单元以中化现代农业有限公司作为运营平台，落地MAP模式。先正达集团中国依托种子、植保、作物营养、现代农服与数字农业的强大优势，发挥四大业务单元之间的协同优势，构建起丰富的业务组合，始终专注本土服务，以MAP模式为主要抓手，致力于打造汇聚内外部优质产业资源的现代农业服务平台，为广大农户、客户以及食品价值链的合作伙伴提供更全面、更优质的产品和服务，共同推动中国农业领域的科技创新和商业创新，为中国乡村振兴战略提供先进的解决方案。

2021年3月31日，经国务院批准，中国中化集团有限公司与中国化工集团有限公司实施联合重组，成立中国中化控股有限责任公司（简称"中国中化"），中化集团和中国化工被整体划入中国中化。2021年5月8日，中国中化正式揭牌成立。重组后中国中化的农化业务尽数整合进先正达集团。中国中化八大业务板块之一生命科学板块主要经营企业为先正达集团，包括农化业务和动物营养业务。先正达集团中国将引领国内现代农业服务和数字化创新，推动农业科技进步和高质量可持续发展，助力我国农业现代化转型升级。

中化农业海南团队成立于2001年。在海南，中化农业整合中化化肥有限公司海南分公司（化肥业务）、中化（海南）作物科技有限公司（农药业务）、中化现代农业有限公司海南分公司（现代农业服务业务）进行一体化协同运营（简称"中化农业海南分公司"），立足于服务农业产前、产中、产后全过程，着力帮助农户解决把作物"种出好品质"并"卖出好价钱"这两个根本问题，为海南农民提供线上线下相结合的农业综合解决方案。中化化肥有限公司海南分公司成立于2001年，目前是海南省最大的化肥经销商和农化服务提供商，化肥市场占有率达30%，设有7个运营区，40多个区域服务中心，业务服务实现全岛所有乡镇全覆盖。2017年，中化农业海南分公司落地实施MAP战略，成立乐东芒果MAP现代农业技术服务中心，该中心是中化农业在全国设立的第一家经济作物MAP技术服务中心，也是海南第一家MAP技术服务中心。据不完全统计，中化农业海南分公司在海南相关市县和农垦农场建立超15个以作物为导向的MAP技术服务中心，覆盖海南省内重点经济作物芒果、火龙果、哈密瓜、凤梨、荔枝、胡椒、槟榔、绿橙、香蕉等。

8.3.1.2 托管服务运作机制

中化农业海南分公司落实中化农业MAP战略要求，整合各类合作伙伴，共建MAP技术服务中心、服务站，以线上线下结合的方式实现战略落地，提高农户和新型经营主体的服务抵达效率和示范推广能力。

MAP定位于"农业全产业链组织和服务平台"，以平台模式对产业链各环节进行重组、优化和赋能，通过整合现代农业科技和先进农业产业要素，搭建起连接消费升级与专业生产的桥梁，为新型农业经营主体提供田间到舌尖、线上通线下的现代农业综合服务，着力提升价值链、打通产业链、贯通数据链，实现为消费者种出好品质、为种植者卖出好价钱、为产业链集好大数据。中化农业海南分公司 MAP 以海南经济作物为重点，以技术服务为抓手搭建技术服务平台，通过整合土壤改良、品种改良、营养与植保、农机应用、技术培训、品质检测、智慧农业、农产品销售、品牌打造和金融支持等"7+3"全方位的综合服务，聚焦经济作物产业链痛点，打造线下线上相结合的现代农业服务平台，彻底解决"把地种好"和"把农产品卖好"的问题。

在线下，依托各地本土化 MAP 示范农场和技术服务中心，帮助规模经营主体降本增效，并通过现代科技示范农场"做给农民看、带着农民干"。本地化的 MAP 技术服务中心为大约 50 千米半径范围内的农民提供"7+3"服务，配套多个 MAP 示范农场。中化农业海南分公司把建设 MAP 示范园作为实践中化 MAP 战略关键一环，在示范园建立标准化的安全绿色种植流程，以"土地托管"为核心，采取全程、半程托管服务模式运行。如乐东芒果 MAP 技术服务中心，服务团队为农户提供从改土养根、测土配肥、发梢、花期、坐果、膨果不同阶段的营养搭配、植保技术等生产服务，技术服务中心不仅销售肥料、农药、农机，还提供飞机打药、信贷、芒果助销等服务。MAP 整合了农业投入品、营养植保方案、农业服务企业、农产品销售、金融保险、气象、科研院所等行业内外资源，为农户提供作物全产业链综合解决方案。

在线上，依托线下的海量数据、全程跟踪，通过持续数据积累和人工智能技术应用，集成气象、遥感、物联网等现代信息技术，打造智慧农业服务平台，使 MAP 线下线上服务相互融合、相互促进，服务于规模化农场的全过程经营与生产，推动农业生产从标准化到精准化再到智慧化的高阶发展。2018 年，中化农业推出了针对大田作物的 MAP 智农系统和针对经济作物的 MAP 慧农系统，以精准种植为核心，利用农业遥感、精准气象、AI 识别病虫害、品控溯源等技术，帮助农民实现从种到收的全流程、精细化管理。截至 2021 年底，MAP 打造的数字农业平台正在为 195 万农户、95 万农场、1.9 亿亩土地提供智慧农业解决方案。

中化农业海南分公司依托现有丰富的农资产品，并对外整合作物专家（海南大学、海南省农业科学院、中国热带农业科学院等科教机构）、农机（宗申巴贝锐、高科新农、耐特菲姆、大气候农业等企业和合作社）、金融（建行、农行、邮储银行、太平洋保险）等优质资源，完善技术服务中心"7+3"服务功能和线上智慧农业服务平台应用，为农户提供线上线下结合的农业生产托管服务。作为平台战略，MAP 已广泛汇集农业产业链优质合作资源，逐步建立多方共赢的现代农业服务"生态圈"。

8.3.1.3 典型经验

（1）通过科技和模式创新，实现农资企业转型

部分学者（胡凌潇，2019）研究了农资经销商转型驱动农业生产托管模式的现实原因，主要包括 3 个方面：一是为解决农资赊销问题，主动谋求转型，从单纯的农资销售变为提供农资服务、农机服务、销售服务等农业综合性服务；二是为促进农资产品和技术推广，逐渐把作业服务拓展到植保等农业生产的其他环节；三是为规避农业自然风险和土地流转风险，最终转向农业生产托管模式。减少不确定性、降低交易成本、争取产业链整合收益构成了农资经销商转型发展、对产业链进行纵向整合的动因。农资经销商之所以能够成功实现产业链纵向整合，一方面在于他们在资本和企业家才能方面的优势契合了农业生产托管模式的需要，另一方面得益于他们获得的外部支持。中化农业深耕中国农业 70 多年，同样面临传统农资企业转型问题。

对中化农业而言，MAP 是彻底摆脱传统的卖产品模式的战略转型。该模式从中国农业发展的困局着眼，聚焦解决"耕地有效地适度规模化"和"把地种好"这两个根本问题，抓住快速增长的规模种植户这一核心目标客户群，完善农业生产决策支持体系，推动技术服务能力和体系的快速形成，使中化农业改变单纯依靠渠道分销产品的传统模式，实现向技术服务渠道和"解决方案+产品包"的商业模式转型，做到了农业服务一体化，从传统供销化肥、种子、农药再到实现线上线下现代农业智慧服务。

同时，中化农业依托中化集团领先的科技创新体系，包括研发能力和生产能力，从种质资源创制和保护、农产品溯源体系构建、土壤微生物与农业生态保护和环境友好型农业投入品研发等方面，全面布局农业产业链研发体系，提升农业科技领域实力。中化农业加快改进传统农资产品，通过测土配方等技术，推动科学施肥用药。同时，开发出有机肥、新型缓释长效肥、生物碳基有机肥、绿色高效新型创制农药等新产品。新型肥料和农药的使用，还土地健康的生命力，孕育更加健康的农产品，实现农业绿色发展。

中化农业海南分公司在传统农资转型中建立了从以农资产品为导向到以作物为导向、从以渠道为中心到以农户为中心的经营理念，与 MAP 战略不谋而合。在新的模式下，站在农业生产者的角度思考，公司的目标不再是只卖产品，而是要解决农业产业存在问题，提出集成的农业综合解决方案，形成可持续的商业模式。

（2）搭建全产业链融合发展平台，建立现代农业服务"生态圈"

MAP 战略瞄准破解中国农业服务高度碎片化的难题，构建从种到收的一体化服务体系，需要调动全产业链的力量。中化农业深耕农业 70 载，积累了宝贵的资源优势和技术实力，通过整合旗下中化化肥、中种集团和农药板块，在化肥、种子、农药等投入品上具备优势，其他资源靠借力整合。在农机方面，与全球顶尖企业战略合作，通过融资租赁配置农机设备；金融方面，组建小额贷款公司，与金融机构合作拓展服务；在农业大数据方面，搭建智慧农业平台，遵循开放共享的理念，中化农业主要完成公共平台开发、作物种植建模、数据资源归集等，而气象服务、遥感技术、农机服务等方面，都将接入更多的外部资源，最终形成系统化的智能农业解决方案。通过"订单农业"和"品牌打造"为下游农产品加工企业和渠道商提供高品质、标准化、可追溯的农产品组织服务。中化农业 MAP 与品质农产品加工/渠道企业建立战略合作，更好地为 MAP 农产品消费升级提供保障。参与构建行业发展体系，与产业链上下游及科研院所的 100 余家生态圈合作伙伴建立战略合作关系，积极发起成立多个交流共建平台，比如发起成立"中国农业生产性服务业联盟"、发起成立"全国农产品产销对接公益服务联盟"等。

中化农业持续强化植保、作物营养、种子和 MAP 的业务协同，进一步发掘协同增长潜力。同时，全方位深化与重点大客户跨业务协同，创造更大增长机会。MAP 战略秉持开放、合作、共创、共享的"互联网精神"，广泛汇集优质的现代农业产品和服务资源，与合作伙伴共同打造多方共赢的现代农业服务"生态圈"。

中化农业海南分公司与本地合作伙伴合作，依托本地化技术团队，整合上下游资源共建 MAP 技术服务平台。通过 MAP 技术服务中心为农户提供"7+3"综合解决方案。通过纳入经销商、农机企业、收销平台等基层终端合作伙伴共建 MAP；选择当地标靶经济作物芒果、荔枝、哈密瓜等，通过中化农业海南经作 MAP 的示范效应，牵头联动，建立、示范并倡导行业规范化种植标准的推行普及，撬动整个经作产业链的升级。例如，运用 MAP 智慧农业系统、MAP beside 全程品控溯源技术，在农业生产的产前、产中、产后环节，与中国邮政惠农项目有机结合，共同打造双方服务"三农"品牌；与中国建设银行携手推进"海南农资金融生态圈"项目，为客户提供金融服务创新，为渠道商和种植户提供综合金融支持服务；与太平洋保险联合开展专属气象指数保险服务；与中国热带农业科学院联合申报三亚市巩固脱贫攻坚成果和乡村振兴产业发展项目；与当地规模种植户共建 MAP 技术示范园等。2021 年 4 月，海南乐东第二家 MAP 技术服务中心正式启动运营。该 MAP 技术服务中心是由中化农业海南分公司与海南一鸣农业开发有限公司、乐东县供销社三方合作共建运营，主要针对芒果、哈密瓜、火龙果、槟榔这 4 种作物提供全产业链服务。中化农业海南分公司主要负责前端种植技术环节，海南一鸣农业开发有限公司、乐东县供销社等合作伙伴在农机服务、农产品收储加工、当地行业资源整合等方面发挥其优势，三方联合完善 MAP 服务生态圈。

（3）布局中高端服务，推进本土化运营

为推进 MAP 战略落地推广，中化农业海南分公司以高品质服务为核心，全力推进本土化战略布局。与相关市县政府、农垦农场合作共建 MAP 技术服务中心，与农资经销商、农机合作社等合作共建 MAP 基层服务站，与规模种植户合作共建 MAP 示范园，推动品种培优、品质提升、品牌打造和标准化生产，带动基层农户走向共赢的现代农业。

发挥基层党支部战斗堡垒作用。中化农业海南分公司与海南省各个村级党支部合作开展党建共建和精准扶贫。例如，与保亭县签约，在全县整建制推进中化 MAP 与村支部合作。有了村级组织的搭桥，MAP 跨越长期存在的农业服务"最后一公里"，走进千家万户。以村级党支部为支点，用现代化服务技术串联起千家万户的小农，为脱贫攻坚和乡村振兴贡献中化力量。充分利用村级网络学习设施，开展针对性培训，提升新时代职业农民综合素质和科技水平，帮助农户"种出好品质""卖出好价钱"。

培育基层本土化服务力量。基层农资经销商既是中化农业投入品的渠道分销商，又是 MAP 基层服务站，对 MAP 服务的农户提供全程技术服务和助销服务，同时推广数字农业，将数字农业应用于实际生产。中化农业海南分公司与基层供销社建立紧密合作关系，搭建新型农民培训平台、社会公益帮扶平台，免费为种植户提供农业政策、种植技术、作业管理、智慧农业、农场经营、产业引导等多项培训；与农机大户、种养合作社合作开展农业生产关键环节和薄弱环节的托管服务。小而灵活的基层合作社发挥出了农业生产性服务组织的功能。中化农业海南分公司用先进的技术、产品为新型农业经营主体赋能，MAP 的触角不断向基层延伸，助力新型农业经营主体发展壮大。

8.3.2　多元槟榔全产业链信息服务平台[①]

多元槟榔全产业链信息服务平台是由海南多元槟榔产业发展有限公司发起成立的，专注海南特色产业槟榔"种植、收储、加工、销售、就业"等全产业链开放、互动、共享的互联网生态平台。

8.3.2.1　平台基本情况

海南多元槟榔产业发展有限公司（简称"多元公司"）成立于 2016 年 4 月 21 日，立足海南槟榔种植源头，汇聚科技、市场、金融、政策和园区资源，发挥团队的行业经验和市场运作优势，集约槟榔产业链各节点资源，

[①] 部分信息引自微信公众号"多元槟榔产业平台"、槟榔帮帮网 https：//www.blbbw.cn，以及南海网槟榔频道 http：//www.hinews.cn/news/system/2020/08/04/032396996.shtml

构建行业全面、准确的信息数据平台，是致力于打通槟榔全产业链，推动海南槟榔产业化发展的专业公司。多元公司联合槟榔产业链各主体共同做大做强槟榔产业，以资源整合集约产业资源配置，以产业孵化培育多元产业主体，以信息数据平台引导产业理性发展。多元公司依托中国热带农业科学院雄厚的科研力量，联手各大知名槟榔初加工、深加工企业和产业链节点资源，建立并完善全产业链各环节的生产规范，推进槟榔全产业链标准建设。多元公司拥有"槟榔帮帮网""槟榔西施""槟榔君"等注册商标，已获得"槟榔行业大数据分析系统"等软件著作权9项。

多元公司联合海南省槟榔行业协会，在海南省农业农村厅种植业管理处的指导和协助下，于2015年启动海南省槟榔鲜果交易价格数据监测项目，在海南槟榔种植区建立数据采集网点，抽取上千个样本点，样本点包括各类槟榔园、收购点、初加工厂等，监测内容包括槟榔园生长状况、采摘状况、槟榔生果下树量、交易价格、交易数量、初加工厂运营状况等，每日上报数据。多元槟榔全产业链信息服务平台通过对数据的精准分析，助力政府产业政策的科学制定与准确落实，引导行业理性发展，引领市场有序竞争。目前平台信息包括3个渠道：一是"槟榔帮帮网"（https：//www.blbbw.cn），平台功能板块包括快速查看价格、种槟榔、交易大厅、看数据、资讯、信息平台、视频、验货系统、名家专栏等，囊括了槟榔行业的各方面信息，具有时效性强、针对性强等特点；二是"多元槟榔产业平台"微信公众号，设有价格行情和信息服务板块，各监测网点信息员可以快速上传槟榔鲜果交易价格，公众号及时发布最新的市场动态和当日槟榔鲜果交易价格，同时与"槟榔帮帮网"同步链接；三是在海南南海网开辟讲好槟榔故事新平台，于2020年8月3日正式上线南海网槟榔频道，涵盖常识科普、产业观察、行业简讯、槟榔文化等内容。

8.3.2.2 托管服务运作机制

多元槟榔全产业链信息服务平台开展农业生产托管服务，主要是通过线上、线下两种方式实现。

在线上，通过"多元槟榔产业平台"微信公众号和槟榔帮帮网、南海网槟榔频道同步发布槟榔产业信息，采用数据共享的方式为广大槟榔种植户、生果收购商、加工厂等广大用户提供全面的数据产品。槟榔帮帮网,为用户提供行业资讯、数据信息、产业研究、产品交易、技术共享等服务。平台设置了槟榔专家在线解惑答疑、技术员视频传授种植技术和管理经验、病虫害图谱识别、智能果品识别评级等多个服务项目。槟榔种植户可在平台上免费查询技术知识和咨询专家解惑,实现网络即时交流。

在线下,多元公司重点发展槟榔标准化种植示范园,示范推广标准化种植管理技术。槟榔号称"懒人树",传统观念里槟榔不需要过多管理,靠天吃饭。近年来,槟榔市场持续向好,农户对槟榔种植管理的重视程度和投入水平不断提高,采用先进技术科学管理槟榔园的需求日益增强。多元公司采取多种形式开展先进生产技术推广和科技文化培训,提高农民管理水平,联合上下游企业共同开展槟榔园地选择、土壤管理、栽培管理、病虫害综合防控等技术服务,协助槟榔加工技术升级改造,提供农业信贷担保协助,支持槟榔加工企业和规模种植户缓解资金紧缺问题。

8.3.2.3 典型经验

(1) 聚焦槟榔产业,打通关键疏通堵点

槟榔是"四大南药"(槟榔、益智仁、砂仁、巴戟天)之首、海南"三棵树"(橡胶、槟榔、椰子)之一。槟榔本身具有极高的综合价值,药用价值开发仍有很大空间。海南属于热带地区,种植槟榔具有得天独厚的优势。槟榔是海南省极具特色的热带经济作物,种植面积和产量均占全国95%以上。如图8-5所示,近10年来,海南省槟榔种植面积占全省热带作物面积的比重逐年上升,2020年比重达到17.6%。《海南省"十四五"推进农业农村现代化》划定槟榔产业优势区包括万宁、琼海、屯昌、琼中、陵水、三亚、保亭等7市县。2020年槟榔年末面积居前7位的市县依次是琼海、万宁、屯昌、琼中、定安、保亭、三亚、乐东,如图8-6所示。其中,琼海、万宁、屯昌三市县槟榔收获面积占全省的44.2%。近年来,槟榔产业发展迅猛,槟榔种植涉及海南省70多万户、230多万人,占全省农业人口的40%以上,已成为海南省第一大经济作物和农民增收致富的支柱产业。槟榔产业之于海南有特殊的意义,这是海南的一个特色产业、民生产业,是名副其实的扶贫树、民生树,关系到海南脱贫攻坚和乡村振兴大局。

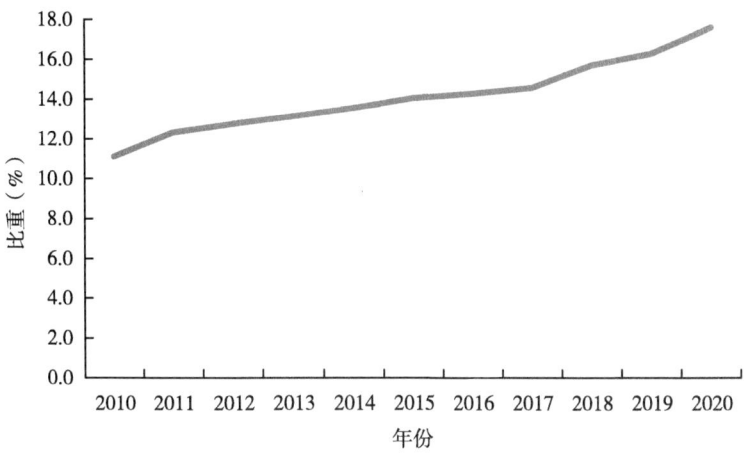

图 8-5　2010—2020 年海南省槟榔年末面积占热带作物总面积的比重

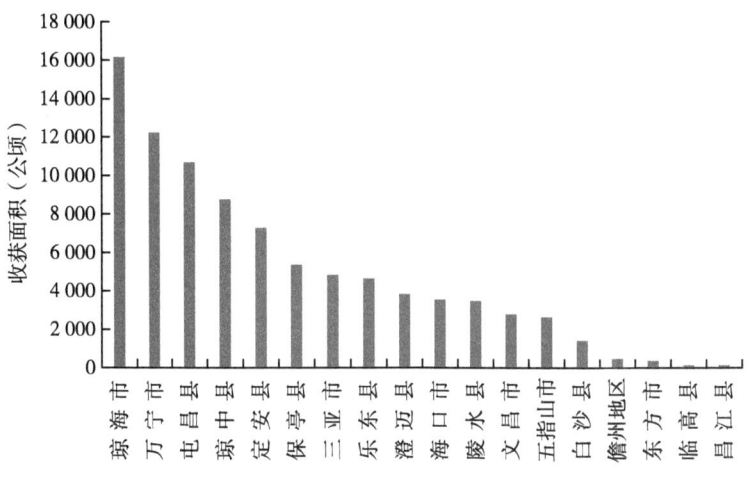

图 8-6　2020 年海南省各市县槟榔收获面积

种植栽培技术粗放、病虫害频发是槟榔生产的薄弱环节。多元公司以槟榔标准化种植示范园作为技术推广基地，采取线下现场观摩、技术培训等，线上专家在线诊断、视频讲解等多种方式开展技术指导服务，提升农户槟榔园种植管理水平。联合中国热带农业科学院、海南农垦等机构开展优良品种选育，联合飞防公司开展槟榔病虫害无人机飞防作业。提高农户科学种植管理水平，让槟榔树日趋从"懒人树"变成"摇钱树"，槟榔果提质增效。

深加工领域发展滞后、消费市场过于单一且集中是海南槟榔产业链发展的痛点。种槟榔的海南人要吃湖南加工的槟榔，这一直以来都是海南槟榔产业的尴尬，种植在岛内，加工与市场"两头在外"的局面长期存在。海南省槟榔产品开发利用仍处于初级阶段，精深加工和产品研发水平还较滞后，槟榔加工主要集中在初加工领域，本土深加工企业综合实力较弱，市场开发程度有限，95%以上海南槟榔干果需运到湖南深加工。2022年4月，海南省农业农村厅印发《海南省热带特色高效农业全产业链培育发展三年（2022—2024）行动方案》提出17大全产业链培育任务，其中槟榔作为6大优势产业之一，要打造槟榔全产业链。多元公司开发的槟榔全产业链信息服务平台致力于疏通产业链堵点，创建槟榔产业链从种苗、种植、采摘、收购、仓储、包装运输、初加工、深加工，到市场销售各环节的各项标准和技术规程，基于对数据的精准分析和产业形势研判，为加工企业合理布局、优化产品和加工技术升级改造提供信息指导，数据服务助力产业发展回归理性。随着越来越多深加工企业布局海南，如今海南槟榔正逐步形成"种植+初加工+深加工+销售"的完整产业链。

市场信息不对称和负面舆情风险防控难，市场价格波动大，严重制约槟榔产业健康发展。近几年，槟榔鲜果交易价格不断上涨，湖南深加工企业开出的干果收购价没有与同期鲜果价格同步，甚至出现鲜果和干果价格倒挂，反映出市场信息不对称的问题，各市场主体获取市场信息的速度不一样。多元公司以在全省槟榔种植区设立槟榔鲜果地头价、采购价等实时数据采集，打造买卖槟榔实时交易平台，有利于平抑槟榔市场价格波动。由槟榔致癌说引发的槟榔负面舆情让槟榔市场严重受创，湖南、广东、海南省相继出台停止槟榔广告宣传的禁令。每次舆情风波的出现，都会鞭策槟榔产业发展更加规范，更加重视提升食品安全，更加关注与消费者的沟通。槟榔生产和产品标准体系缺乏，产品质量不稳定；偏重市场营销，不注重槟榔普世价值宣传，导致缺乏权威、有信誉度的证据引导消费者正确认知，是负面舆情持续发酵的重要因素。基于以上认识，多元公司通过平台大力开展槟榔知识科普，发布槟榔重要科研进展，开展槟榔致癌风险防范知识宣传等，引导广大消费者用理性的观点去看待负面舆情。

（2）整合产业资源，打造产业联盟

多元公司有效组织政府、科技、媒体、产业主体、市场等多方力量，共建产业联盟，强化技术支撑，建立信息共享平台，共同致力于推动海南槟榔产业健康发展。

为推进产销一体化，多元公司的联盟公司——海南张新发热带农业综合开发公司主要从事热带作物种苗、生产和销售，农业种植、病虫害防治和技术服务，与海南农垦科学院集团开展槟榔收购加工及销售合作。

为加快槟榔栽培关键技术研究，多元公司联合海南省农业科学院、中国热带农业科学院椰子研究所、海南大学植物保护学院等多家单位共同执行海南省重大科技计划项目"槟榔黄化灾害防控及生态高效栽培关键技术研究与示范"的项目。

为应对市场价格波动加剧，多元公司作为人保财险海南分公司的顾问单位，参与了槟榔价格指数保险试点项目方案的制定；受新华社中国经济信息社委托开展槟榔生果价格和行业动态监测，支持槟榔价格指数编制和发布；与海南国际热带农产品交易中心合作推进槟榔电子化交易建设，打造槟榔交易市场公开、透明、有序的交易环境。

第九章
加快推进海南省农业生产托管的政策建议

农业生产托管是继农户自种、土地流转之后的一种农业经营模式的重大创新,适合"大国小农"的国情农情。加快发展农业生产性服务业,大力推进农业生产托管,是破解小农户农业现代化困局,推动实现小农户和现代农业发展有机衔接的重要路径。与全国大部分省区相比,海南省农业生产托管发展较滞后,农户认知程度低,服务供给主体少,配套政策不完善。随着海南自由贸易港建设的推进,海南农业现代化进程加快,农业服务业迎来历史机遇期。海南省要抢抓机遇,多措并举推动农业生产托管服务市场供需有效对接,探索推广农业生产托管服务新模式,促进现代农业实现高质量发展。

9.1 需求侧:提高农户参与意愿,扩大生产托管服务覆盖面

9.1.1 提高农户对农业生产托管的认知水平

农业生产托管在海南省试点的时间还较短,农户对托管不了解甚至存在认知偏差,是导致大部分农户未参与托管的重要原因。因此,提高农户对农业生产托管的认知程度迫在眉睫。现阶段,一方面政府可以通过当地新闻媒体报道、农业科普知识讲座、新型职业农民培训、镇村干部现场宣讲、试验示范等多种形式扩大农业生产托管政策的宣传,提高政策宣传普及率,让广大农户清楚认识到托管的益处,从而引导其自愿参与托管;另一方面,通过

典型案例宣传，以海南省本土托管案例和国内典型案例为重点，邀请相关农业生产托管服务机构现场答疑解惑和农户"现身说法"传授托管致富经验等形式，加深农户对农业生产托管运行模式的理解，提高农户参与意愿。

9.1.2 在充分尊重农户意愿的基础上有序推进农业生产托管

根据调研，相当多的农户家庭以务农为主要收入来源，家庭完全有能力耕种，对农业生产托管服务需求弱，应充分尊重这部分农户的意愿，不能依靠行政力强制推行农业生产托管。对于农村兼业农户和缺乏劳动力的农户而言，托管可以弥补农忙时节农业劳动力不足，提高农业耕作技术水平，让他们既放心地从事非农工作，又可以继续从土地中获取最大收益。对于土地撂荒和外出务工农民而言，可以自由选择土地流转或者农业生产托管。从全国来看，农户兼业化已成为大趋势，农业生产托管可能成为大多数农户的选择。但农村各地情况千差万别，政府想要高效有序地推广农业生产托管，就必须以尊重农民意愿为重要前提，充分尊重不同农户需求的差异性。

9.1.3 拓宽农户就近从事非农生产经营活动的渠道

非农业就业是农村家庭生计可持续发展的重要方式，尤其是年轻劳动力。根据调研，因务农是唯一生计，缺乏其他就业渠道是农户不愿参与农业生产托管的重要原因。农业生产的经济效益低下，但苦于没有其他就业渠道，无法从农业生产中摆脱出来，导致农户参与托管的积极性不高。这部分农户有参与农业服务外包的意愿，但囿于经济收入有限，无法负担额外的农业服务费用，同时又有从事非农生产经营活动的强烈意愿，可以引导其参与农业生产托管。伴随着市场经济的迅猛发展，农村一二三产业融合推进，生产要素自由流动速度加快，农户在非农领域获得的收益远超过农业领域。以务农为主要生计的农户既不愿意丧失对土地的经营权，又希望获得更多的非农经营收入，就需要积极拓宽农户就近从事非农生产经营活动的渠道，在附近从事非农生产之余，还可以进行简单的农业生产。对于自身无暇完成的农业活动可以委托服务主体进行托管，不仅可以提高农户家庭经营总收入，又保障了农业生产的持续进行，提升农户参与托管的积极性。

9.2 供给侧：加快培育多元服务主体，创新服务形式

9.2.1 培育多元服务主体

培育多元化的托管服务主体是海南省农业生产托管发展的当务之急和重中之重。以开展农业服务为主的专业合作社和联合社、农业专业性或综合性服务公司、村集体经济组织、村党支部牵头开展的农业服务、基层供销合作社和农垦企业开展的农业服务以及家庭农场、农业专业户提供的服务等在为农服务方面起着重要的作用。在具体选择上，要加强分类指导，因地制宜。针对海南省农业生产托管项目推进滞后的问题，应在坚持公平竞争原则的前提下，把支持本土型农业服务主体作为重点，如具有本土化服务能力的供销社、农民专业合作社、家庭农场以及这些组织的联合体，本土农业龙头企业、新型农业服务公司等，增强农业生产性服务业本土植根性、区域植根性，有利于发挥本土服务组织血缘、亲缘、地缘关系，容易赢得服务对象的信任，具有较低的交易成本优势。

9.2.2 创新农业生产托管服务形式

一是推动服务资源整合，鼓励各类服务主体以技术、资金、人才、服务等要素为纽带，加强各服务主体在产业链条上、区域内联合合作，促进功能互补、融合发展。二是创新服务平台，探索搭建互联网农业服务平台，以信息化手段推动更大范围内服务需求与供给线上对接，推动服务与科技深度融合。三是创新服务产品，加快培育小农户服务市场，为不同兼业程度的农户提供个性化、定制化的托管服务。

9.2.3 积极拓展服务领域

海南省抢抓农业供给侧结构性改革的契机，不断推进现代农业建设，热带特色高效农业发展成效显著，区域化、规模化生产布局逐步形成，为拓展农业社会化服务领域创造了条件。在确保国家粮食安全、保障粮食作物托管

服务需求下，海南省农业生产托管服务逐步向热带经济作物、热带水果、蔬菜、南繁制种业等领域拓展，从种植业向养殖业等领域推进，从产中环节向产前、产后等环节配套服务延伸，加快补齐农业服务领域短板。

9.3 政府端：加大政策扶持力度，规范行业管理

9.3.1 强化农业服务规模经营政策导向

土地流转与农业生产托管是农业规模经营两个并行不悖的方向。土地流转实现土地的集中经营，有利于农业生产托管服务规模的实现；农业生产托管服务规模的需求客观上可以推进土地的集中流转。海南省各级政府既要做好土地流转的政策实施，同时也要积极做好农业社会化服务的配套政策研究和宣传。当前海南省农业社会化服务的规模经营导向支持力度不足，政策推动农业服务规模经营的效果没有充分发挥出来，应当调整政策激励方向，强化农业服务规模化经营，最大限度地发挥财政资金对于农业服务规模经营的推动作用。

9.3.2 加大农业生产托管政策扶持力度

要充分认识到发展农业社会化服务的重要性、紧迫性，提高工作的自觉性和主动性，加强宣传培训，为农业生产托管项目实施营造良好氛围。完善推进农业生产托管的政策法规，研究探索财政、金融、保险、税收等方面的扶持政策。加大对农村基础设施的投入力度，支持各类市场主体参与撂荒地复耕，积极引导撂荒地、低产低效土地通过专业化服务提高土地产出率。积极探索壮大集体经济、设立财政奖惩措施等方式，激励村组干部推进托管工作的积极性，有效发挥村集体经济组织和村"两委"在引导分散农户参与农业生产托管的统筹作用。支持农业社会化服务主体联合协同服务，及时发现、总结、推广好典型、好模式、好做法，开展农业社会化服务组织示范创建和农业社会化服务示范县创建，强化示范引领。

9.3.3 规范行业管理

各级农业农村部门要以农业社会化服务规范化建设为中心，全面推进和完善服务价格、服务质量、服务评价、服务主体信用等行业管理制度建设。一是探索建立服务主体名录管理机制，建立多方参与的服务主体资格审查监督机制与服务主体信用评价机制。二是加快推进服务标准化建设。会同相关政府部门、服务组织、科教机构、行业协会等研究制定适合海南省情和市情的标准服务合同文本和服务技术标准、规范，建立行业自律组织，推广使用示范合同文本，规范服务行为，确保服务质量。三是加强服务质量监管。积极协调相关职能部门，加强对服务价格的指导和监督，防止发生价格垄断和价格欺诈。加强服务合同的监管，引导服务主体规范服务行为，加强对服务组织与农户签订合同的指导，维护服务双方的合法权益，及时预防化解合同风险。

9.4 借鉴成功经验，因地制宜推广农业生产托管经营模式

9.4.1 单一作物综合性托管

围绕某一特色作物开展专业化服务，以区域内分散小农户的联合和合作为基础，建立覆盖该作物的全产业链、全方位服务，有利于快速实现区域内农产品生产全过程的统一，实现标准化、规范化生产，保障农产品质量，提高农户经营效益。借鉴黑龙江龙江县超越合作社玉米专业化种植、四川绵阳市川椒王子农业开发有限公司藤椒全产业链托管服务等国内典型农业生产托管服务案例的经验，打造海南省大宗特色农作物全程托管服务模式。海南雷丰合作社经过10多年推广种植芒果的良好农业操作规范（GAP），核心基地采取全托管模式提供从种到收的全程服务，非核心基地采取"公司+合作社+农户+标准化+销售"半托管模式，为农户提供标准化农业生产技术服务，积累了丰富的经验。海南雷丰合作社可在半托管基础上进一步发展覆盖

全产业链，涵盖种植、加工、销售、金融信贷、信息技术、培训学习等全方位服务。同时，在借鉴海南芒果托管服务多年积累的经验和国内成功案例基础上，海南省可推广开展天然橡胶、槟榔、香蕉、胡椒等大宗特色作物的单一作物综合性生产托管。

9.4.2 关键环节综合托管联合体

当前，海南农业生产托管主要集中在机耕机收等农机作业服务、病虫害防治等农业绿色生产技术服务、农资供应和农产品销售服务等关键环节上，可以建立涉及相应关键环节的专业化农业生产托管联合体。针对农业机械化需求，成立农机服务联合体，既可以充分利用农机专业合作社、农机大户的农机资源，又可以实现区域性农机作业联合，扩大服务范围。针对病虫害防治需求，成立病虫害统防统治服务联合体，制定统一的服务标准，有效地减少区域内病虫害防治市场的无序竞争。针对农资供应和农产品销售服务需求，可以联合供销社、农资经营企业、农业龙头企业等成立农产品供销服务联合体。

9.4.3 区域性农业生产托管服务联盟

海南省以小农户为主的农业生产者服务需求差异较大，农业生产托管服务机构经营能力参差不齐，服务市场还不健全，成立区域性农业生产托管服务联盟，可以有效地整合该地域内托管服务组织，实现优势互补，扩大服务能力，降低经营成本，满足农户多样化需求。对于农业社会化服务发展基础较好的市县，可以以市县为地域范围，成立全市/全县农业生产托管服务联盟，整合市县内各级农业服务资源，建立统一的服务平台，可以借鉴安徽黟县以建设产业化联合体为抓手组建的黟县有农优质粮油生产联合体模式。对于农业社会化服务发展基础较差的市县，可以先从镇域范围内的区域联合着手，构建覆盖镇域范围内的区域性服务联盟，可以借鉴江苏泰州市姜堰区组建镇域性的家庭农场服务联盟模式。

9.4.4 农业全产业链服务平台

依托统一服务平台面向参与农业产业的各类角色提供服务。通过对上下游农业服务资源的整合，应用大数据、5G、云计算、区块链、人工智能等数字化技术，借助全过程大数据，利用市场、金融工具服务于农业全产业链，通过产前、产中、产后全产业链服务逐步改变传统农业生产方式，汇集多种服务要素、信息化监管手段、农产品与市场智联等，重新构建互联网+农业产业链价值体系。通过互联网+全产业链形成数据体系，引导制定服务标准、生产标准，提供集农资供应、技术集成、农机作业、仓储物流、农产品营销等一站式线上解决方案，推动农业生产向规模化、集约化、信息化转型，助力打造现代农业产业集群。借鉴中化农业海南 MAP 线上线下相结合的热带经济作物全产业链服务模式和多元公司槟榔全产业链信息服务平台模式，加快海南农业农村数字经济发展。

参考文献

敖军，薛秀清，2021. 带着农民把钱赚：山西省发展农业生产托管服务纪实 [J]. 农村经营管理（6）：10-11.

常伟，王丽霞，2018. 农业生产托管中的风险配置研究：基于反向租佃视角 [J]. 农村经济（9）：87-92.

陈建华，2012. 农业规模经营的新模式：土地托管合作社 [J]. 农村金融研究（10）：29-32.

陈义媛，2017. 土地托管的实践与组织困境：对农业社会化服务体系构建的思考 [J]. 南京农业大学学报（社会科学版）（6）：120-130.

豆书龙，张明皓，2021. 中国特色土地托管实践的多元理论分析 [J]. 西北农林科技大学学报，21（4）：71-79.

杜洪燕，陈俊红，龚晶，等，2020. 农业生产托管：模式、成效及风险分担机制：基于山西和黑龙江两省的调研 [J]. 价格理论与实践（12）：10-13.

杜洪燕，陈俊红，刘宝印，等，2021. 服务融合趋势下农业生产托管组织方式创新研究 [J]. 北方园艺（7）：162-168.

杜洪燕，陈俊红，刘宝印，等，2021. 农业生产托管推进小农生产现代化的逻辑创新 [J]. 中国农业资源与区划，43（4）：7.

高强，高桥五郎，2012. 日本农地制度改革及对我国的启示 [J]. 调研世界（5）：60-64.

高强，孔祥智，2013. 我国农业社会化服务体系演进轨迹与政策匹配：1978—2013 年 [J]. 改革（4）：5-18.

郭丽果，成智杰，王洋，等，2019. 土地托管协会研究与思考：以宁晋县垄上行土地托管协会为例 [J]. 安徽农业科学（24）：242-245.

韩长赋, 2016. 土地"三权分置"是中国农村改革的又一次重大创新 [J]. 中国合作经济（10）：6-10.

韩俊, 2020. 加快发展农业生产托管 推进社会化服务高质量发展 [J]. 农村工作通讯（21）：4-8.

韩青, 刘起林, 孟婷, 2021. 农业生产托管薄弱环节补贴能否提高农户全程托管意愿？：以农业病虫害防治补贴为例 [J]. 华中农业大学学报（社会科学版）（2）：71-79.

韩庆龄, 2019. 小农户经营与农业社会化服务的衔接困境：以山东省M县土地托管为例 [J]. 南京农业大学学报（社会科学版），19（2）：20-27.

胡凌啸, 2018. 中国农业规模经营的现实图谱："土地+服务"的二元规模化 [J]. 农业经济问题（11）：20-27.

胡凌啸, 周应恒, 武舜臣, 2019. 农资零售商转型驱动的土地托管模式实现机制研究：基于产业链纵向整合理论的解释 [J]. 中国农村观察（2）：49-60.

胡新艳, 罗必良, 2016. 产权细分、分工深化与农业服务规模经营 [J]. 天津社会科学（4）：93-98.

胡志安, 2000. 由鄂州市农村土地"托管"想起 [J]. 计划与市场（7）：24-25.

扈映, 2019. 土地托管与农业治理：基于地方经验的阐释 [J]. 观察与思考（12）：55-63.

黄鹤群, 2016. "全托管"：破解"谁来种地"的难题：南通农业生产"全托管"经营服务的实践与思考 [J]. 现代经济探讨（1）：69-73.

冀名峰, 李琳, 2020. 农业生产托管：农业服务规模经营的主要形式 [J]. 农业经济问题（1）：68-75.

姜长云, 2016. 关于发展农业生产性服务业的思考 [J]. 农业经济问题（5）：8-15.

姜长云, 2020a. 中国农业生产性服务业的形成发展及其趋势、模式

[J]. 宏观经济研究（7）：97-105.

姜长云，2020b. 科学把握农业生产性服务业发展的历史方位[J]. 南京农业大学学报（社会科学版），20（3）：1-14.

姜长云，2020c. 论农业生产托管服务发展的四大关系[J]. 农业经济问题（9）：55-63.

姜长云，李俊茹，赵炜科，2021. 农业生产托管服务的组织形式、实践探索与制度创新：以黑龙江省LX县为例[J]. 改革（8）：103-115.

近藤正臣，曲翰章，1986. 发展中国家的小农经济问题[J]. 国外社会科学（10）：44-45.

靳晓敏，宋玉兰，许明威，2021. 农业生产托管对新疆玉米种植户福利效应影响研究[J]. 资源开发与市场，37（12）：1457-1470.

柯佑鹏，2021. 打造水稻产业链闭环生态圈 海口"琼山福稻"打响区域公共品牌[J]. 今日海南（10）：47-48.

孔祥智，2018. 农民合作、土地托管与乡村振兴：山东省供销社综合改革再探索[J]. 东岳论丛（10）：18-24.

孔祥智，穆娜娜，2018. 实现小农户与现代农业发展的有机衔接[J]. 农村经济（2）：1-7.

孔祥智，徐珍源，史冰清，2009. 当前我国农业社会化服务体系的现状、问题和对策研究[J]. 江汉论坛（5）：13-18.

李灿，2017. 土地流转背景下农地适度规模经营绩效形成机理分析[J]. 经济地理（11）：191-197.

李丹，夏秋，周宏，2018. 风险偏好、经营收益与农户土地托管行为：基于江西水稻种植的经验数据[J]. 江西社会科学，38（1）：56-65.

李登旺，王颖，2013. 土地托管：农民专业合作社的经营方式创新及动因分析：以山东省嘉祥县为例[J]. 农村经济（8）：37-41.

李良生，1997. 论邓小平关于农村经济发展的理论[J]. 云南社会科学（4）：4-5.

李琳，文洪星，2019. 三类服务主体开展农业生产托管的比较分析与经验启示[J]. 农村经营管理（11）：42-44.

李忠旭，庄健，2021. 土地托管对农户家庭经济福利的影响：基于非农就业与农业产出的中介效应［J］. 农业技术经济（1）：20-31.

芦千文，姜长云，2019. 日本发展农业生产托管服务的历程、特点与启示［J］. 江淮论坛（1）：59-66.

芦千文，苑鹏，2021. 农业生产托管与稳固中国粮食安全战略根基［J］. 南京农业大学学报（社会科学版），21（3）：58-67.

吕杰，薛莹，韩晓燕，2020. 风险规避、关系网络与农业生产托管服务选择偏向：基于有限理性假设的分析［J］. 农村经济（3）：118-126.

罗必良，2017. 论服务规模经营：从纵向分工到横向分工及连片专业化［J］. 中国农村经济（11）：2-16.

穆娜娜，孔祥智，安旭，2018. 土地托管的风险分担机制研究［J］. 中国物价（3）：66-69.

彭长青，2007. 江苏沿江经济开发区域粮食供需平衡分析与对策研究［D］. 南京：南京农业大学：20.

屈冬玉，2017. 以信息化加快推进小农现代化［N］. 人民日报，2017-06-05（7）.

舒全峰，汝鹏，王军，2014. 中国城镇化进程中土地流转问题研究［J］. 广西社会科学（6）：87-94.

速水佑次郎，神门善久，2003. 农业经济论（新版）［M］. 沈金虎，译. 北京：中国农业出版社：147.

孙小燕，刘雍，2019. 土地托管能否带动农户绿色生产？［J］. 中国农村经济（10）：60-80.

孙新华，2013. 强制商品化："被流转"农户的市场化困境：基于五省六地的调查［J］. 南京农业大学学报（社会科学版）（5）：25-31.

孙新华，2017. 村社主导、农民组织化与农业服务规模化：基于土地托管和联耕联种实践的分析［J］. 南京农业大学学报（社会科学版）（6）：131-140.

仝志辉，侯宏伟，2015. 农业社会化服务体系：对象选择与构建策略［J］. 改革（1）：132-139.

参考文献

汪洪涛，王朝科，2019. 基于生产社会化理论的乡村振兴路径与现代农业经济体系的构建［C］//外国经济学说与中国研究报告（2019）. 北京：中国经济出版社：219-223.

王成丽，叶露，2021. 海南儋州农业生产托管的农户需求研究［J］. 热带农业科学，41（11）：133-138.

王逸群，2021. 山东省农业生产托管模式研究［D］. 泰安：山东农业大学：17.

王玉斌，2021. 科学认识农业生产性服务业创新发展中的若干问题［N］. 农民日报，2021-04-20（3）.

王玉斌，李乾，2019. 农业生产托管利益分配模式比较研究［J］. 改革（8）：119-127

王钊，刘晗，曹峥林，2015. 农业社会化服务需求分析：基于重庆市191户农户的样本调查［J］. 农业技术经济（9）：17-26.

文水，1997. 托田所，农民的创造［J］. 农家顾问（6）：7-8.

武舜臣，曹丹丘，李乾，2019. 抉择中的土地流转与土地托管：优劣之分还是条件差异？［J］. 江苏大学学报（社会科学版）（4）：58-66.

西奥多·W. 舒尔茨，2013. 改造传统农业［M］. 梁小民，译. 北京：商务印书馆：39.

徐勤航，2017. 土地托管与农业服务规模化经营研究：以山东省为例［D］. 济南：山东财经大学：10.

许佳彬，王洋，2021. 农业生产性服务对玉米生产技术效率的影响研究：基于微观数据的实证分析［J］. 中国农业资源与区划，42（7）：27-35.

杨彩艳，齐振宏，黄炜虹，等，2018. 农业社会化服务有利于农业生产效率的提高吗？：基于三阶段DEA模型的实证分析［J］. 中国农业大学学报，23（11）：232-244.

杨向辉，王健，2017. 现代农业的理论溯源与内涵解析：兼论我国现代农业的发展途径［J］. 经济研究参考（16）：69-75.

于海龙，张振，2018. 土地托管的形成机制、适用条件与风险规避：山

东例证 [J]. 改革（4）：110-119.

余粮红，高强，蒋治，2022. 土地托管对农户生态经济收益的影响及其边界 [J]. 农业技术经济（8）：22-36.

张红宇，2013. 农业规模经营与农村土地制度创新 [J]. 中国乡村发现（2）：1-6.

张红宇，2017. 准确把握农地"三权分置"办法的深刻内涵 [J]. 农村经济（8）：1-6.

张红宇，2018. 中国现代农业经营体系的制度特征与发展取向 [J]. 中国农村经济（1）：23-33.

张克俊，黄可心，2013. 土地托管模式：农业经营方式的重要创新：基于宜宾长宁县的调查 [J]. 农村经济（4）：33-36.

张瑞娟，郑莉，李琳，2021. 山东省农业生产托管实践探索及对策建议 [J]. 乡村论丛（2）：90-96.

赵鲲，2016. 共享土地经营权：农业规模经营的有效实现形式 [J]. 农业经济问题（8）：4-8.

赵鑫，张正河，任金政，2021. 农业生产性服务对农户收入有影响吗：基于 800 个行政村的倾向得分匹配模型实证分析 [J]. 农业技术经济（1）：32-45.

郑淋议，张丽婧，洪名勇，2019. 小农经济研究述评：几个重大问题辨析 [J]. 西北农林科技大学学报（社会科学版），19（3）：104-111.

钟真，2019. 社会化服务：新时代中国特色农业现代化的关键：基于理论与政策的梳理 [J]. 政治经济学评论（2）：92-109.

周春晓，李凤兰，严奉宪，等，2017. 农村土地承包经营权出租中存在的问题研究：以山西省武乡县 3 个村庄为例 [J]. 华中农业大学学报（社会科学版）（2）：97-102.

朱文珏，罗必良，2019. 农地流转、禀赋效应及对象歧视性：基于确权背景下的 IV-Tobit 模型的实证分析 [J]. 农业技术经济（5）：4-15.

庄天慧，骆希，2019. 小农生产主要特征、困境及与现代农业有机衔接路径研究：基于四川省的实证研究 [J]. 农村经济（10）：8-18.

附 录
海南省农业土地托管意愿及政策认知调查问卷

您好！中国热带农业科学院科技信息研究所科技人员设计了农业土地托管意愿及政策认知的调查问卷，旨在了解您的土地托管需求意愿和对海南省开展土地托管政策的认知，以期为海南省土地托管制度的执行提供有价值的参考建议。本调查内容仅用于学术研究，我们将对您的信息严格保密，请放心填写。感谢您的配合！

以下是对土地托管的简单阐述。

1. 概念：土地托管，即农业生产托管，是农户等土地承包主体在不流转土地经营权的条件下，将农业生产中的耕、种、防、收等全部或部分作业环节委托给农业生产性服务组织完成的农业经营方式。

2. 土地托管中，农户保留土地的经营权和收益权。土地托管服务提供者的收益来自服务费、农资销售和农产品收购差价等。

3. 根据服务对象需求的不同，可分为全托管、半托管两类。全托管是指从种到收整个农业生产过程中，托管服务组织全权负责，农户只需要支付服务费用即可，不需要提供任何劳动。"半托管"是指农户向第三方服务组织购买耕、种、防、管、收中的某个或多个生产环节的专业服务的过程。

海南省农业农村厅、财政厅印发的《2019年农业生产社会化服务发展项目实施方案》指出，重点支持生产过程中耕、种、防、收、售五个主要环节的生产托管服务，并制定了补助标准，原则上单季作物亩均补助规模不超过100元。具体补助标准由确定的任务市县根据当地实际情况制定。

调查员：　　　　联系电话：

海南省农业土地托管意愿及政策认知调查问卷

被访问者姓名：_____　　联系电话：_____

所在地区：____镇____村　　问卷编号：_____

请根据您的实际情况填写，如无特别说明，选择题均为单选。填空题请在横线上填写。感谢您的配合！

一、家庭基本情况

1. 您的性别（　）。

    A. 男　　　　　　　　B. 女

2. 您的年龄（　）。

    A. 30 岁以下　　　　　B. 30~39 岁　　　　C. 40~49 岁

    D. 50 岁~59 岁　　　　E. 60 岁及以上

3. 您的受教育程度是（　）。

    A. 小学以下　　　　　B. 小学　　　　　　C. 初中

    D. 高中或中专　　　　E. 大专及其以上

4. 您的家庭人口总数（　）。

    A. 1~3 人　　　　　　B. 4~6 人　　　　　C. 7~8 人

    D. 8 人以上

5. 您的家庭劳动人口数（　）。

    A. 1~2 人　　　　　　B. 3~4 人　　　　　C. 5~6 人

    D. 6 人以上

6. 您的家庭劳动人口中，从事农业劳动的人数（　）。

    A. 1~2 人　　　　　　B. 3~4 人　　　　　C. 5~6 人

    D. 6 人以上

7. 主要从事农业生产的劳动力年龄（　）。(可多选)

    A. 30 岁以下　　　　　B. 30~39 岁　　　　C. 40~49 岁

    D. 50 岁~59 岁　　　　E. 60 岁及以上

二、家庭生产经营情况

8. 家庭收入的主要来源（   ）。（可多选）
   A. 务农   B. 个体经营   C. 在本地企事业单位
   D. 外出务工   E. 打零工   F. 其他

9. 家庭务农收入占家庭总收入的比重是（   ）。
   A. 10%以下   B. 10%~30%   C. 30%~40%
   D. 40%~60%   E. 60%~80%   F. 80%以上

10. 您家庭从事农业生产是否雇工？（   ）。
    A. 是   B. 否

11. 您家中自有耕地面积_____亩，分布在_____个地块。

12. 今年您家中耕地利用情况（   ）。
    A. 全部自耕   B. 全部出租   C. 部分自耕，部分流转
    D. 部分自耕，部分闲置   E. 部分流转，部分闲置
    F. 全部闲置

13. 如果您家土地存在闲置情况，闲置的原因有哪些？（   ）。（可多选）
    A. 土地质量下降，不适宜耕种
    B. 缺乏充足的劳动力
    C. 农业技术较差，农业经济效益太低
    D. 无人租地或租金太低不愿出租
    E. 担心地力下降或到期收不回土地，不愿出租
    F. 其他_____

14. 近两年来，您所在村有没有土地闲置现象？（   ）。
    A. 有且很多   B. 有但不多   C. 极少
    D. 没有

15. 您所在村的土地以何种方式参与产业开发较多？（   ）。
    A. 出租土地   B. 以土地入股经济合作组织
    C. 土地托管   D. 其他

16. 您家庭当前主要从事哪类农产品的生产？（   ）（可多选）。

A. 粮、油作物 　　　　B. 蔬菜 　　　　　　C. 水果

D. 橡胶、椰子、槟榔等热带作物

E. 禽类及其副产品 　　F. 畜牧及其副产品

G. 水产及其副产品 　　H. 闲置，无农产品

17. 您家庭在生产过程中购买种子、农药、化肥等农资的渠道是（　　）。（可多选）

A. 镇村的农资销售点 　B. 市县的农资销售点

C. 网上购买 　　　　　D. 电话订购

E. 合作社或村集体统一购买

F. 其他＿＿＿＿＿

18. 您家庭是否拥有农机具？（　　）。

A. 是 　　　　　　　　B. 否

拥有的农机具有哪些类型（　　）。（可多选）

A. 拖拉机、运输车（四轮、手扶、三轮）

B. 播种机 　　　　C. 旋耕机 　　　　D. 镇压器

E. 施肥机 　　　　F. 喷药机（不包括喷壶）

G. 水泵 　　　　　H. 卷帘机 　　　　I. 收割机

J. 脱粒机 　　　　K. 无人机

L. 其他＿＿＿＿

19. 您家庭通过什么渠道获得所需要的农机具或农机服务的？（　　）。

A. 自己拥有农机 　　B. 附近的农机手

C. 专业的农机公司

C. 合作社或村委会拥有农机，集体使用

D. 其他＿＿＿＿

20. 您觉得目前制约您农业生产的主要原因是什么？（　　）。（可多选）

A. 劳动力不足 　　　B. 种植面积不够 　　C. 缺乏资金

D. 销售不稳定 　　　E. 缺乏技术指导

F. 获取农产品市场信息困难

F. 其他＿＿＿＿＿

三、土地托管的政策认知

21. 在此之前,您了解土地托管吗?( )。
    A. 完全不了解　　　B. 有一点了解　　　C. 一般
    D. 比较了解　　　　E. 特别了解

22. 参与土地托管可以为您带来更多的经济收益,您同意吗?( )。
    A. 完全不同意　　　B. 不同意　　　　　C. 一般
    D. 比较同意　　　　E. 非常同意

23. 参与土地托管可以弥补家庭劳动力的不足,您同意吗?( )。
    A. 完全不同意　　　B. 不同意　　　　　C. 一般
    D. 比较同意　　　　E. 非常同意

24. 参与土地托管可以帮您更好地管理土地,您同意吗?( )。
    A. 完全不同意　　　B. 不同意　　　　　C. 一般
    D. 比较同意　　　　E. 非常同意

25. 您所在的地方政府有土地托管政策方面的宣传吗?( )。
    A. 完全没有　　　　B. 没有　　　　　　C. 一般
    D. 偶尔有　　　　　E. 经常宣传

26. 您是从哪种渠道了解到的土地托管?( )。
    A. 网络　　　　　　B. 电视、报纸
    C. 广播、告示　　　D. 身边的人告知
    E. 其他方式

27. 您希望当地政府/机构多组织些对土地托管方面的宣传吗?( )。
    A. 非常不希望　　　B. 不希望　　　　　C. 一般
    D. 比较希望　　　　E. 非常希望

28. 如果亲朋或身边的人参与土地托管,对您的参与决策有影响吗?( )。
    A. 完全没影响　　　B. 有一点影响　　　C. 一般
    D. 比较有影响　　　E. 非常有影响

29. 村委会或合作社的推荐意见会对您的参与决策有影响吗?( )。
    A. 完全没影响　　　B. 有一点影响　　　C. 一般

D. 比较有影响　　　　　E. 非常有影响

30. 您会信任负责托管的合作社或托管公司吗？（　　）。
    A. 完全不信任　　B. 不信任　　　　C. 一般
    D. 比较信任　　　E. 非常信任

31. 您认为参与土地托管的风险怎么样？（　　）。
    A. 完全没有风险　B. 没有风险　　　C. 一般
    D. 有一点风险　　E. 有很大风险

32. 在外出工作的情况下更愿意选择土地托管，您同意吗？（　　）。
    A. 完全不同意　　B. 不同意　　　　C. 一般
    D. 比较同意　　　E. 非常同意

33. 您认为当地政府或企业对土地托管的支持体系完善吗？（　　）。
    A. 特别不完善　　B. 不完善　　　　C. 一般
    D. 比较完善　　　E. 特别完善

34. 您所接触到的农村合作社或托管公司技术如何？（　　）。
    A. 技术特别不成熟　B. 技术不成熟　　C. 一般
    D. 技术比较成熟　　E. 技术非常成熟　F. 未接触过

35. 您愿意参与土地托管吗？（　　）。
    A. 完全不愿意　　B. 不愿意　　　　C. 一般
    D. 比较愿意　　　E. 非常愿意

36. 您愿意推荐亲友、周围人参与土地托管吗？（　　）。
    A. 完全不愿意　　B. 不愿意　　　　C. 一般
    D. 比较愿意　　　E. 非常愿意

37. 您目前有参与土地托管吗？（　　）。
    A. 有　　　　　　B. 没有

※若您目前已参与土地托管，请继续作答 38~49 题；若没有，请跳转至 50 题作答。

38. 进行托管的土地面积占所有土地的比例是多少？（　　）。
    A. 1%~20%　　　　B. 21%~40%　　　C. 41%~60%

D. 61%~80% E. 81%~100%

39. 是否有签订土地托管合同（　　）。

　　A. 是 B. 否

40. 如果有签订合同，土地托管的合同方式是（　　）。

　　A. 口头协议 B. 书面协议

41. 农地托管付款方式（　　）。

　　A. 分年度以现金支付

　　B. 一次性全部用现金支付

　　C. 按一定数量的收获农产品支付

　　D. 其他方式

42. 土地托管服务主体为（　　）。

　　A. 种植大户 B. 企业 C. 合作组织

　　D. 其他_____

43. 土地托管期限是多长（　　）。

　　A. 1年以内 B. 1~5年 C. 6~10年

　　D. 10年以上

44. 您最近一次支付土地托管费用_____元，用途是_____。

45. 土地托管后您的收入与之前相比是否有增加（　　）。

　　A. 较大幅度的增加 B. 较小幅度的增加

　　C. 不变 D. 减少

46. 您托管土地的主要原因是（　　）。（可多选）

　　A. 缺乏劳动力 B. 自己耕种土地的效益太低

　　C. 种地太辛苦 D. 托管所得比自己种植的收益高

　　E. 政府推动 F. 其他

47. 您认为参与土地托管存在哪方面的风险（　　）。（可多选）

　　A. 自然灾害 B. 托管信息不对称

　　C. 托管公司技术不成熟 D. 托管体系不完善

　　E. 其他_____（请注明）

48. 您认为参与土地托管的成本高吗？（　　）

  A. 完全不高　　　　B. 有一点高　　　　C. 一般

  D. 成本较高　　　　E. 成本特别高

49. 您认为参与土地托管的程序如何？（　　）

  A. 特别烦琐　　　　B. 比较烦琐　　　　C. 一般

  D. 比较简便　　　　E. 特别简便

50. 若家中无土地托管，请作答：

①未把土地托管的主要原因是（　　）。

  A. 除了务农，没有其他工作

  B. 自己完全有能力耕种，不需要托管

  C. 托管出去比自己耕种土地的收入低

  D. 担心收益得不到保障

  E. 托管手续复杂

  F. 担心托管出去后，自己想种时难以收回土地

  G. 土地面积小，别人不愿意托管

  H. 代耕户，代耕代种他人土地

  I. 其他

  J. 不知道有土地托管

②如果托管费用价格合理，是否愿意托管土地（　　）。

  A. 是　　　　　　　　B. 否

问卷调查到此结束，祝您工作、生活愉快！